CHRONOLOGIE

DES

DOUZE SIECLES,

ANTÉRIEURS AU PASSAGE DE XERCÈS EN GRÈCE.

EXAMINÉE,

<table>
<tr><td>1. Chez les Hébreux,</td><td>7. Chez les Mèdes,</td></tr>
<tr><td>2.   les Phéniciens,</td><td>8.   les Babyloniens ,</td></tr>
<tr><td>3.   les Grecs,</td><td>9.   les Aſſyriens,</td></tr>
<tr><td>4.   les Egyptiens ,</td><td>10.   & les Baĉtriens , à l'époque où</td></tr>
<tr><td>5.   les Perſes,</td><td>   fleurit Zoroaſtre.</td></tr>
<tr><td>6.   le Lydiens,</td><td></td></tr>
</table>

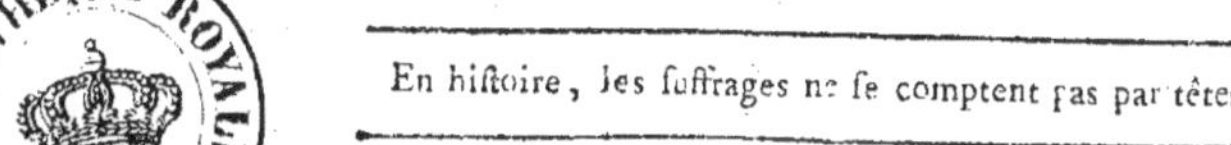

En hiſtoire, les ſuffrages ne ſe comptent pas par têtes.

PAR M. VOLNEY.

AVERTISSEMENT
DE L'AUTEUR.

CE Mémoire commencé en 1777, & achevé en 1780, a été envoyé au mois de Juillet 1790 à l'Académie des Inscriptions de Paris, pour concourir au prix de Chronologie qu'elle avoit proposé l'année précédente : il s'est trouvé seul, & cela étoit assez naturel, puisque le sujet du programme exigeoit un travail au moins de deux ans. Sept commissaires, nommés au scrutin, ont été chargés de l'examiner ; savoir,

MM. *Anquetil* (1), *Larcher*, *Deguignes* ;
Dupuis le jeune, *le Blond*, *le Roi* ;
Dacier, secrétaire.

J'avois peu compté sur l'approbation de l'académie ; mais lorsque j'eus vu la liste de mes juges, j'en désespérai sans retour. En effet, outre l'opposition qui se trouvoit entre la *hardiesse* ou la *nouveauté* de mes vues, & l'inébranlable & scrupuleux attachement de quelques-uns d'eux à tout ce qui est *ancien*, je sentis que M. *Anquetil* atteint par mon Mémoire d'un *anachronisme de six siècles* sur l'époque de Zoroastre, & que M. *Larcher*, fortement soupçonné de n'avoir pas saisi le système chronologique d'Hérodote, dont il a traduit le texte, ne me pardonneroient point un tel dérangement de leurs idées ; & je connoissois trop bien l'ascendant de ces Messieurs en choses de *dispute*, pour espérer que leurs confrères, même convaincus, pûssent leur résister. Cependant, contre mon présage, le succès a été balancé. Lecture faite du Mémoire, sur six juges auditeurs, trois ont eu le courage de le couronner, & trois autres, comme de raison, l'ont rejetté. Le septième juge

____

(1) Ce n'est pas l'auteur de *l'Esprit de la Ligue* ; mais le traducteur des *Livres liturgiques des Parses*, qui ne sont pas ceux de Zoroastre, malgré ses assertions.

Antiq., Chronologie. T. III.

devoit *départir* ; il m'a *condamné*, mais en même-temps il m'a fourni de quoi me confoler au befoin : car je tiens de fa bouche, *que le manufcrit ne lui a été remis que trois jours avant le rapport*, & *qu'accablé d'affaires, il n'a pu le lire* ; je fens trop la *convenance* de fe ranger à l'avis des *anciens*, pour m'y refufer : *d'ailleurs*, comme dit M. L.....r, *il faut craindre que l'efprit d'innovation ne vienne auffi tout brouiller en hiftoire*. Ce dernier motif néanmoins ne pouvant pas trop s'alléguer, on en a produit un plus recevable, & l'on a dit que, *fans parler de l'emploi que j'ai fait de l'apocryphe Annius*, je n'avois pas rempli toutes les conditions du programme. Mais fi j'en ai réfolu les plus grandes difficultés, peut-être étois-je digne de quelqu'indulgence. Au refte, comme dans tous les cas une académie n'eft qu'un juge provifoire, j'ai droit d'appeller au *juge définitif*, & j'ai ce droit, fur-tout quand effectivement je me trouve jugé fans être entendu : or, fi l'on confidère que je me préfente au tribunal des favans de l'Europe, appuyé de l'autorité de Newton, de l'opinion d'Hérodote, & du fuffrage de trois de mes juges, on me pardonnera fans doute de regimber contre les *dé-crets* de MM. *Anquetil* & *Larcher*.

L'Académie, en me rendant mon manufcrit, m'a honoré d'un témoignage de confiance auquel je n'ai point manqué. L'imprimé eft exactement conforme à la copie, à cela près des notes querel-leufes, dont il a plu à un de mes cenfeurs de charger mes marges.

INTRODUCTION.

Les résultats principaux de ce mémoire font :

1°. Que les anciens ont commis en Chronologie les mêmes erreurs qu'en Géographie, c'est-à-dire, que dans l'éloignement des objets ils ont exagéré l'intervalle des temps comme celui des lieux, & que pour arriver à la vérité, il faut restreindre leurs proportions.

2°. Que de tous les historiens grecs, Hérodote est le seul qui ait saisi l'ensemble & la férie des temps anciens, par la raison, sans doute, qu'ayant écrit sous la dictée des savans indigènes de chaque pays, à une époque où la tradition n'étoit pas encore interrompue, il a, en quelque sorte, recueilli l'extrait digéré de ce que les originaux avoient de plus clair & de plus certain ; tandis que ses successeurs, pour ainsi dire posthumes à la science & sans guides dans l'étude des monumens & des langues *barbares*, n'ont fait que des compilations indigestes ; & cette différence de caractère & de moyens est le motif de notre épigraphe.

3°. Qu'après tout débat & toute discussion, nos connoissances actuelles en Chronologie ne remontent pas réellement au-delà du douzième siècle avant la guerre de Xercès, c'est-à-dire, environ 1600 ans avant J. C. ; & cette période, jusqu'ici mal connue dans ses détails & ses proportions, exige que l'on en traite de nouveau toute la partie historique.

Il y a dix ans révolus que ce mémoire est composé. Dès février 1781, l'auteur voulant consulter l'opinion publique sur les résultats de ses recherches, publia, sans se nommer, dans le journal des Savans, un fragment sur les Phéniciens & sur quelques époques grecques, telles que la guerre de Troye, le siècle de Pythagore, d'Homère, &c. Le jugement qu'en portèrent des personnes instruites, l'affermit dans la persuasion d'avoir résolu le problême : d'autres études intervenues, & après elles les affaires publiques actuelles l'avoient détourné de ce genre, d'ailleurs peu encouragé, lorsqu'au mois d'octobre dernier le prix proposé par l'académie vint réveiller ses souvenirs & ranimer son intérêt pour la science. Il jugea d'autant plus heureuse cette occasion de produire son travail, qu'en l'examinant il le trouva presque calqué sur les condition du programme. L'histoire d'*Hérodote*, la *chronique de Paros*, la *bibliothèque historique de Diodore*, les *recueils d'Eusèbe & de Syncelle*, avoient été ses principales sources ; & dans l'usage qu'il en avoit fait, il n'avoit pas négligé de se rendre compte du *caractère de chaque écrivain, & de ses moyens d'instruction :* il desira seulement, pour mieux remplir les vues de l'académie, de réunir en un corps les réflexions qu'il avoit semées sur ce sujet dans le cours de son ouvrage, & d'y joindre quelques notes relatives à des dissertations publiées depuis 1781 ; il espéra que les travaux de l'assemblée nationale se terminant avant le mois de juillet 1790, il auroit la faculté d'effectuer son projet ; mais aujourd'hui que l'événement a trompé son espoir, & que le terme de rigueur expire, sans que son devoir lui ait permis de distraction, il prend le parti de remettre son mémoire, après une légère révision ; persuadé que s'il a rempli, quant au fond, les conditions d'un problème si difficile, l'académie usera d'indulgence sur la forme.

Paris, 22 juin 1750.

TABLE ANALYTIQUE
DES CHAPITRES.

CHRONOLOGIE

DES DOUZE SIECLES,

ANTÉRIEURS AU PASSAGE DE XERCÈS EN GRÈCE.

CHAPITRE PREMIER.

Des tems des Hébreux.

MALGRÉ tout le foin que les écrivains hébreux ont femblé prendre de nous tranfmettre fidèlement les dates des règnes des Rois, l'on s'eft toujours plaint, & avec raifon, que leur chronologie reftoit fujette à des diffi cultés d'autant plus grandes, que l'on a moins ofé y toucher ; quoique ce fujet ait exercé une foule de critiques, l'on eft encore à defirer des réfultats décififs & certains. Nous allons effayer de remplir cette tâche vraiment épineufe & rebutante ; & pour entrer en matière, nous reprendrons le fil de quelques faits principaux.

Depuis la mort de *Saül*, *David* régna quarante ans.

Salomon fon fils lui fuccéda ; & l'an quatre de fon règne ce prince jetta les fondemens du premier temple de Jérufalem. C'eft à cet événement que je rapporte tous mes calculs : c'eft de cette époque que je pars pour remonter ou defcendre dans l'échelle des fiècles paffés.

Depuis la fondation du temple, *Salomon* régna encore trente fix ans ; en tout 40.

A fa mort arriva ce fchifme fi connu, qui partagea la nation hébraïque en deux états diftincts. La famille de *David* continua de régner fur *Benjamin* & *Juda*, dans la perfonne de Roboam & de fes defcendans, tandis que *Jéroboam* établit une autre branche de rois pour les dix tribus, que l'on appella fpécialement le royaume d'*Ifraël*. Tous ces événemens datent de la trente-feptième année du temple.

Les tems des deux royaumes s'écoulèrent de front ; leurs calculs devroient par conféquent être uniformes. Cependant, quand on les compare à des époques communes, l'on y trouve toujours des difcordances : les chronologiftes fe font efforcés de les *concilier*, mais on ne *concilie* point des contradictions. La table fuivante offre fous un coup d'œil facile le réfultat comparé des deux liftes, telles que les donnent les annaliftes hébreux. Il eft néceffaire de les examiner pour fuivre les raifonnemens dont elles vont être le fujet.

CHRONOLOGIE

Rois de Juda.

SECTION I.

Reg. I. c. 14. v. 21	Roboam	17 ans.
c. 15. v. 2	Abia	3
v. 10	Asa	41
c. 22. v. 42	Josaphat	25
Reg. II. c. 8. v. 17	Joram	8
v. 26	Okosias	1
	Total	95

SECTION II.

c. 11. v. 3	Athalie	6 ans.
c. 12. v. 1	Joas	40
c. 14. v. 2. 17. 23	Amasias	14
	Total	60

SECTION III.

	Amasias continué	15 ans.
c. 15. v. 2	Ozias	52
v. 33	Joathan	16
c. 16. v. 2	Achaz	16
c. 18. v. 10	Ezekias	6
	Total	105

Rois d'Israël.

SECTION I.

Reg. I. c. 14. v. 20	Jeroboam I	22 ans.
c. 15. v. 25	Nadab	2
v. 33	Baza	24
c. 16. v. 8	Ela,	2
v. 15	Zamri	7 j.
v. 23	Amri	12
v. 29	Achab	22
c. 22. v. 52	Ochozias	2
Reg. II. c. 3. v. 1	Joram	12
	Total	98

SECTION II.

c. 10. v. 36	Jehu	28 ans.
c. 13. v. 1	Joas	17
v. 10	Johaz	16
	Total	61

SECTION III.

c. 14. v. 23	Jeroboam II.	41 ans.
c. 15. v. 9	Zakarie	6 m.
v. 13	Sellum	1 m.
v. 17	Manahem	10
v. 25	Phacée I	2
v. 27	Phacée II	20
c. 17. v. 1	Osée	9
	Total	82

Dans les sections I & II, la différence des sommes totales est peu considérable ; & le seul développement de sa cause en donnera la solution.

Mais la différence de vingt-trois ans qui se trouve dans le résumé des sections III mérite des recherches particulières. Pour traiter avec clarté ce sujet compliqué, il faut circonscrire de plus en plus le local des discordances. Les confrontations que les livres hebreux font sans celle des dates reciproques des règnes, nous en donnent le moyen facile & sûr.

Selon leur témoignage constant, la cinquante-deuxième année d'Ozias concourut avec la première de Phacée II ; depuis cette date jusqu'à la ruine de Samarie, les rois d'Israël comptent vingt neuf ans, & ceux de Juda trente neuf ; la différence est *dix*, qu'il faut ajouter aux uns, ou retrancher aux autres ; on n'a pas la moindre indication pour les ajouter aux rois d'Israël, & il y a des autorités pour les retrancher aux rois de Juda. L'ambiguité d'un fait a causé cette erreur.

« *Sur ses derniers jours, Ozias devint lépreux :*
» *ce prince ayant été* (selon la loi de Moyse)
» *séquestré de la société des hommes*, Joathan
» son fils *jugea* à sa place. (1)

C'est à dire, que Joathan *régna* du vivant de son père : or combien dura ce *règne* d'association ? L'a-t-on compté ? l'a-t-on omis dans le calcul du règne total de Joathan ? Voilà l'équivoque qui a trompé les écrivains hébreux eux-mêmes dans la plus haute antiquité, dans la rédaction des annales premières. Ceci demande quelques observations préliminaires.

Les deux ouvrages intitulés, les *Paralipomènes* & les *Rois*, ne font que des extraits de

---

(1) Reg. II. c. 15. v. 5. Paral. II. c. 26. v. 21.

Rois de Juda.			Rois d'Israël.
	Ozias......38	6 mois.	Zakarie.
		1 mois.	Sellum.
	39	1ere.	Manahem.
	40	2	
Joathan affocié.	1re......43	5	
	.	.	
	.	.	
	.	.	
	6......48	10	
	7......49		
	8......50	1ere.	Phacée I.
	9......51	2	
	10......52	1ere.	Phacée II.
	1—1......	2	
	1—2......	3	
	.	.	
	1—6......	7	
Achaz.			
7.........1	8		
	.	.	
16............10	17		
	.	.	
	13	20	
	14	1ere.	Ofée.
	15	2	
	16	3	
Ezekias......1	4		
	.	.	
	.	.	
	6	9	
	Salmanafar prend Samarie.		

mémoires antérieurs, comme il est prouvé par les citations perpétuelles, qu'ils font des *commentaires* originaux. Or le livre des *Rois* ne peut avoir été compilé que depuis le règne d'*Evil Mérodak* ; c'est-à-dire depuis la vingt-septième année de la ruine de Jérusalem ; les *Paralipomènes* font encore plus tardifs, puisque la prise de Babylone par Cyrus entre dans leur narration. Mais si la composition de ces deux ouvrages n'a pu devancer les époques alléguées, ce n'est pas à dire qu'elle les ait suivies immédiatement ; elle a pu se retarder de plusieurs années. Dans les deux cas, il n'existoit plus de connoissances sur les tems dont nous traitons, que dans les mémoires contemporains, ou même dans les résumés qui déjà peut-être en avoient été faits, & de-là il s'ensuit que l'autorité des rédactions que nous avons, dépend du dégré d'intelligence, d'instruction & de critique des compilateurs, qui sont restés inconnus.

Nous avons dit que Joathan eut, du vivant de son père, un règne de dix ans. Nous allons prouver que les *écrivains hébreux*, avec l'apparence d'avoir ignoré ou omis ce règne, l'ont cependant reversé après la mort d'Ozias, qu'ils en ont fait un double emploi qui a produit l'excédent de dix ans dont nous avons parlé, & de ce double emploi sont résultés deux systêmes, dont l'un, lié dans toutes ses parties, représente l'état primitif & vrai ; l'autre bâti après coup sur de mauvais apperçus, décèle par ses contradictions l'erreur des rédacteurs, & le moyen de la corriger, il faut reprendre de plus haut l'ordre des choses. (*Voy. la table ci à côté.*)

Ier. *Systême.* « L'an trente-huit d'Ozias, » Zakarie succède à Jéroboam II, & règne » six mois. *Reg. II. c. 15. v. 8.*

» L'an trente-neuf d'Ozias, Sellum succède » à Zakarie & règne un mois. *Ibid,* v. 13 » & suiv.

» La même année, Manahem succède à » Sellum, & règne dix ans. *Ibid.* (donc jusqu'à l'an 49 exclusivement.) L'an cinquante » d'Ozias, Phacée I succède à Manahem, » & règne deux ans. *Ibid.* v. 23.

» L'an cinquante-deux, Phacée II succède » à Phacée I, & règne vingt ans. *Ibid.* v. 27.

» L'an douze (au lieu de quatorze) d'Achaz,

» Osée succède à Phacée II, & règne neuf » ans. *Reg. II. c. 17. v. 1.*

» L'an neuf d'Ozée, Salmanazar, roi d'Assyrie, » prend Samarie & détruit le royaume » d'Israël. *Or cette même année fut la sixième* » *d'Ezékias. Ibid. v. 6. & c. 18. v. 10.* »

Donc la première année d'Ezékias répond à la *quatrième* d'Osée, comme il est dit c. 18. v. 1. où l'on a mis par erreur la *troisième*. Or Achaz, père d'Ezékias, avoit régné seize ans, donc sa première année concourut avec la huitième de Phacée II : ce que les rédacteurs ont omis ; alors il ne reste plus que six ans pour le règne de Joathan, depuis la mort d'Ozias : s'il en régna seize, les dix autres furent du vivant de son père ; & de ce règne d'association ou de substitution dont on a parlé : le règne total de Joathan s'est trouvé partagé en deux portions, qui ont eu chacune leurs époques & leurs dates de commencement & de fin. De là est né un équivoque qui a tout embrouillé. La *première* année du règne de Joathan *seul*, commença l'an *deux* de Phacée II ; mais les auteurs l'ont entendue de son gouvernement d'association ; & par cette méprise ils ont descendu après la mort d'Ozias, dix ans qui s'écoulèrent de son vivant ; de-là ce second systême d'erreur & de contradiction.

Achaz succéda à Joathan l'an dix-sept (pour dix huit) *de Phacée II. Reg. II. c. 16. v. 1.* & Achaz n'a plus eu d'espace que pour *six ans.*

Quant à ce qu'il est dit qu'*Osée tua Phacée II l'an vingt de Joathan*, cela n'a de sens qu'en interprétant *Osée tua Phacée la vingtième année depuis la première de Joathan* (seul). c. 15. v. 30.

Ainsi la première des seize de Joathan se confond avec la quarante-troisième d'Ozias, ensorte que les dix dernières de l'un & les dix premières de l'autre, ne font qu'un seul & même tems. Il reste une difficulté de treize ans, à la solution de laquelle il faut maintenant procéder.

« Jéroboam II succéda à Johaz, roi d'Israël, » l'an quinze d'Amazias, roi de Juda. *Reg. II.* » *c. 14. v. 23.*

» Et l'an quinze de Jéroboam, Amasias finit » un règne de vingt-neuf ans. *Ibid,* v. 17.

Ozias, fils d'Amazias, dut donc lui succéder l'an seize de Jéroboam. Pourquoi est-il defcendu jufqu'à l'an vingt-fept ? (c. 15. v 1.) Les chronologiftes veulent admettre ici un interrègne qui auroit retardé le *couronnement d'Ozias* : mais il eft contre cette hypothèfe une autorité expreffe qui la détruit fans réplique; car il eft dit qu'*Amafias étant mort, le peuple prit Ozias, dit Azarias, fon fils, alors âgé de 16 ans, & l'établit roi à fa place*. Reg. II. c. 14. v. 21.

L'intervalle mentioné eft donc une véritable lacune, & il en exifte encore une autre. Il eft dit que Jeroboam II régna quarante un ans, dont quatorze du vivant d'Amazias, reftent vingt-fept après la mort de ce roi. Zakarie, fils de Jéroboam, devroit donc lui fuccéder à la vingt-huitième : car on le répète, les livres ne font aucune mention d'interrègne? Cependant Zakarie fe trouve abaiffé à la trente huitième d'Ozias; (Reg. II. c. 15. v. 8.) ce qui donne d'abord une lacune de dix ans, en fuppofant qu'Ozias eût fuccédé immédiatement à Amazias; mais fi l'on admet la lacune déjà introduite, il en réfulte un vuide de vingt ans entre Jéroboam & Zakarie, & une erreur totale de plus de trente.

On doit reconnoître encore ici deux fyftêmes qui femblent des effets rétrogrades des deux dont nous avons parlé : l'un, qui me paroît le meilleur, tient à ce verfet qui fait fuccéder immédiatement Ozias à fon père, & par conféquent affigne fon avénement au trône à l'an feize de Jéroboam; l'autre, que je juge encore une méprife de nos rédacteurs, le retarde jufqu'à l'an vingt fept. Pour en parler fans confufion, appellons le premier, *fyftéme ancien*, & le fecond, *fyftême moderne*; il eft effentiel de fuivre la table ci à côté.

On y voit les années rangées dans les différens ordres de rapports que leur affignent les différens paffages. Seulement je me fuis permis d'abaiffer Ozias d'une année par des raifons dont je rendrai compte.

On remarquera d'abord que le fyftême *A* élève dix ans plus haut, toute la férie des faits qui dans le fyftême *M* fe trouvent defcendre dix ans plus bas. De-là naît déjà une équivoque pour l'application des dates alléguées au texte. Ainfi, par exemple, étant dit que Zakarie régna l'an trente-huit d'Ozias, fi on l'entend dans le fyftême *A*, on n'a que treize ans de vuide; fi c'eft dans le fyftême *M*, on en a vingt trois.

La difpofition de ces colonnes préfente l'idée d'une opération qui femblera peut-être arbitraire, mais dont il réfulte des effets pour le moins très finguliers.

La première année de Zakarie, en répondant à la trente-huitième d'Ozias, fyftême *A*, répond à la vingt-huitième dans le fyftême *M*; en admettant cette tranfpofition, on fatisfait exactement à la vraifemblance; car la vingt-huitième année d'Ozias, *prife depuis la mort d'Amafias, & fans égard pour la lacune du fyftéme*, fe trouve être la feconde année d'après la mort de Jéroboam II : & en fuppofant une erreur d'un an, erreur dont ces livres fourniffent cent exemples, nous la prendrons pour la première même, & elle concourra précifément avec les fix mois de Zakarie. De même la 52e année d'Ozias, fyftême *A*, eft la 42e fyftême *M*, en forte que l'un des fyftêmes fait à l'autre une fouftraction de dix ans, qui a un rapport frappant avec l'opération que nous avons faite ci-devant. Prenons maintenant les 42 ans d'Ozias pour le tems total de fon règne, l'affociation de Joathan remontera à la 33e année, & de ce moment tout rentre dans l'ordre. N'eft-il pas évident que cette confufion dérive toujours de l'équivoque commife fur les dix dernières années d'Ozias, ainfi que fur les dix premières de Joathan? Mêmes réfultats, mêmes motifs, mêmes erreurs décimales. Leur origine & leurs progrès me paroiffent faciles à expliquer. Le germe en eft dû aux mémoires originaux. Ils avoient fans doute dit dans leur ftyle ambigu : *Or le roi Ozias régna 42 ans; & fur la fin de fon règne étant devenu lépreux, il fut éloigné du maniement des affaires; & fon fils lui fut affocié pendant dix ans, & le roi Joathan régna feize ans*. Les redacteurs n'ont pas faifi l'équivoque; mais calculant tout fimplement, ils ont dit : Ozias régna 42 ans, plus dix ans avec fon fils; total cinquante-deux. Plus Joathan 16 ans, & c'eft ainfi que d'un feul trait, on a introduit 30 ans furabondans. Il fallut adapter à ce nouveau calcul les autres pièces; de là ces rapports vicieux, cet enjambement de deux fyftêmes que l'on ne réfout que par une double tranfpofition, & dont l'un paroît avoir été bâti en rétrogradant de la prife de Samarie, l'autre en defcendant de l'an 15 d'Amafias.

Quoi qu'il en foit, perfonne ne pourra difconvenir que le filence abfolu gardé fur un emploi quelconque des lacunes introduites

Jéroboam II.		Amasias.
1	15	
. . . .		
. . . .		
15	29	
		Ozias.
16	M.	A.
17	. . . .	1
		10
27	1	16
41	15	25
Zakarie, 6 mois	. . . . . .	28
Selum, 1 mois.		29
Manahem 1	. . . . . .	
2	. . . . . .	30
5	. . . . . . 33 (a)	1re. de Joathan associé.
10 . . .	8 . . . . . . 38 6	
Phacée I . . . . . . 1 . . .	10 . . . . . . 40 8	
Phacée II 1	. . . . . . 42 10	
	33 (a) . . . . . . 43 . . . . 11 1	Premier doublement de l'association de Joathan.
	44 . . . . . . 44 . . . . 12 2	
	8 . . . . . . 48 . . . . 16 6	
	52 . . . . . . 52 . . . . 20 10	
	53 . . . . 11 1	Second doublement.
	52 10	

autorise à les fupprimer. Je ne donnerai donc à Ozias de règne total, que quarante-deux années, dont il partagera les fix dernières avec Joathan, lequel à ce moyen ne fournira de fon chef que fix ans dans la férie des temps.

Il en réfulte ce tableau de concordance.

Rois de Juda.		Rois d'Ifraël.	
Amafias	15	Jeroboam II	41
Ozias	42	Zakarie	6 mois.
Joathan	6	Sellum	1 mois.
Achaz	16	Manahem	10
Ezekias	6	Phacée I	1
		Phacée II	20
		Ofée	9
85			82

(V. ci-devant, p. xiij.)

Il ne nous refte déformais que des difficultés de deux & trois ans, dont la folution découle de la nature même du fujet.

Le lecteur doit favoir que les hiftoriens originaux de la haute antiquité ne dreffoient point leurs annales fur des époques fixes & fondamentales, mais qu'ils calculoient les temps par les années des pontificats ou des règnes. Telle fut la méthode des Hébreux en particulier, à laquelle les rédacteurs des *paralipomènes* & des *rois* n'ont rien changé; & cette méthode entraîne néceffairement des erreurs; car dans la fucceffion des princes & des prêtres, il arrive prefque toujours que l'un achève & l'autre commence dans le courant de la même année. Qu'a-t-on fait de ces années communes à deux règnes? Sans doute on eût dû les divifer, & en compter les fractions felon qu'elles appartenoient à chacun: quelqu'un prétendra-t-il que nos écrivains en aient ainfi ufé? Non fans doute. Par-tout les règnes & les pontificats font exprimés en années complettes; on ne fait mention de mois ou de femaines que pour les princes qui, n'ayant pas même régné une année entière, obligent de défigner la fraction. David eft la feule exception à cette règle; & fur un nombre de trente princes, cet exemple ne fuffit point.

Ainfi, tantôt les fractions ont été négligées, & l'on a fouftrait une année du catalogue des temps; tantôt l'on a compté comme entière à deux princes l'année qui n'étoit que commune entr'eux, & l'on a introduit une année furabondante; ces affertions peuvent fe prouver par des exemples.

Il eft dit, (Reg. I. c. 16. v. 8. 23. 29.) *l'an vingt-fix d'Afa, roi de Juda, Ela régna fur Ifraël, & fon règne dura deux ans. Après lui, Amri en régna douze, & Achab qui lui fuccéda commença l'an 38 d'Afa.*

Si les calculs étoient exacts, ce devroit être l'an 40; car 12 d'Amri & 2 d'Ela font 14; & néanmoins de 26 à 38 exclufivement, on ne compte que 12. D'où vient ce mécompte, finon des raifons que je viens d'alléguer? La feconde année d'Ela & la première d'Amri fe font confondues dans la 27e. d'Afa; ils n'en auront occupé chacun qu'une portion comme fix mois, & on l'aura cependant comptée à chacun comme entière. De même la dernière d'Amri & la première d'Achab ont concouru avec la 38e. d'Afa, & l'on y a commis la même faute. Ces erreurs ont toujours dû fe trouver de préférence dans les cas d'interruption, plutôt que dans la continuité des années d'un même prince; & les difcordances qui en réfultent doivent s'accroître en raifon de la répétition de leurs caufes (1).

Tel eft le moyen de folution de toutes les difficultés d'un, deux & trois ans qui fe trouvent dans le rapport des années des rois de Samarie & de Jérufalem. Je n'en difcuterai point ici pied à pied tous les détails: un tel examen feroit trop faftidieux pour le lecteur. Je me contente de donner le réfultat de ce travail qu'il m'a fallu faire; & l'on obfervera que c'eft fur un relevé exact de tous les articles chronologiques, que j'ai combiné le tableau de concordance qui fe trouve à la fin de ce chapitre.

Depuis la ruine de Jérufalem fous Sédécias, les annales des Hébreux ne forment plus une chaîne continue; il faut avoir recours à d'autres chronologies, pour completter les temps dont nous voulons traiter. Celles des Babyloniens & des Perfes rempliffent bien notre objet, en ce que leurs années font certaines, & que la jonction de leur canon avec celui des Hébreux eft déterminée d'une manière précife par le témoignage unanime des uns & des autres.

C'eft le règne de *Nabukodonofor II* qui forme cette jonction. Selon les Hébreux, qui ont eu de grandes raifons d'être bien inftruits fur cette

---

(1) Il eft d'autres raifons de difcordances de peuple à peuple; telles font les années lunaires chez les uns, folaires chez les autres, la différence des faifons où l'on prenoit le commencement de l'année; les intercalations négligées ou ufitées; &c.

Partie, la ruine de Jérufalem arriva vers l'an dix-neuf de ce prince. Or, ces mêmes Hébreux s'accordent avec Berofe (1) & Ptolomée (2) à donner quarante-trois ans de règne à *Na-bukodonofor.*

Il furvécut donc à fa conquête.................................... 25 ans.
Après lui Evil-Merodak régna.................................... 2
Nerigliffor.. 4
Labo-rofo-Achod... 0   9 mois.
Nabo.iide *ou* Balthazar....................................... 17

Total...48 ans 9 mois.

Cyrus ayant conquis Babylone, y régna.......................... 9 ans.
(3) { Cambyfes 7   5 mois.
{ Smerdis le Mage... 0   7
Darius fils d'Hyftafpes... 2

Total..67 ans 9 mois.

Je m'arrête ici en ce moment, parce qu'il refte à réfoudre une difficulté qui tient à ce fujet ; je veux parler des foixante-dix ans de captivité prédits par Jérémie. On difpute encore fur les époques de cette période ; la plupart de nos compilateurs s'opiniâtrent à en établir la fin au règne de Cyrus. Il eft vrai qu'ils ne font en ceci que copier les anciens chronologiftes chrétiens, tels qu'Africanus, Eufebe, & le Syncelle : mais ce calcul, dénué de preuves chez les uns comme chez les autres, n'eft fondé que fur l'intérêt de donner à la prophétie de Jérémie (4) l'accompliffement littéral qui lui manque. On a beau tourmenter les faits, troubler l'ordre de toutes les chronologies étrangères pour trouver 70 ans depuis Cyrus jufqu'à la ruine de Jérufalem, & même jufqu'à la prife de Jéchonias, les faits réfiftent ; & à l'autorité des écrivains dits *prophanes*, vient fe joindre celle des Hébreux eux-mêmes : il ne faut que les écouter pour diffiper les incertitudes qu'on veut maintenir fur ce fujet.

L'an 2e. de Darius, le prophète Zacharie invitant le peuple à rebâtir le temple *pour obéir aux ordres du Seigneur,* difoit (5) : *Voici la* 70e. *année.* N'eft-ce pas là une allufion manifefte aux paroles de Jérémie? *Après 70 ans, Dieu vous ramenera, & vous rebâtirez fon temple.*

Cette même année, (2e. de Darius) le prophète Aggée publioit la même chofe. N'eft-il pas arrivé, difoit-il (6), *le temps défigné pour*

---

(1) Berofus apud Jofeph. contra Appion. liv. 1. n°. 20. Edit. d'Havercamp.

(2) Ptolom. in canone. Aftron. Quant au témoignage des Hébreux, il eft renfermé dans ce paffage des *rois,* lib. II. c. 25. v. 27. « La trente-feptième année » de la captivité de Jéchonias, qui fut la première » d'Evil-Mérodac, &c. » Or, Jéchonias ayant été pris l'an 395, la trente-feptième année depuis celle-là eft l'an 431, qui tomba précifément vingt-fix ans après la ruine de Jérufalem.

(3) Hérodote, lib. II. édit. de Weffeling.

(4) Il eft certain, & quelques critiques en ont déja fait la remarque, que le nombre *foixante-dix* étoit chez les Hébreux un nombre proverbial comme *trois* le fut chez les Latins. Le terme qui l'exprime emporte l'équivoque de *fabat* ; & la phrafe que l'on a

traduite, *cette terre reftera déferte 70 ans,* s'explique auffi littéralement : *la terre reftera déferte des fabats d'années*; célébrera des *fabats d'années,* c'eft-à-dire, ne fera rien, *fera inculte* : & c'eft dans ce fens qu'il faut prendre cette foule de captivités de 70 *ans,* qu'Ifaïe, Ezéchiel & Jérémie prodiguent aux Egyptiens, aux Tyriens, aux Ammonites, lefquelles n'ont jamais eu d'accompliffement littéral.

(5) Zakar. c. 1. v. 7. 11.

(6) Agg. c. 1. v. 2.

rebâtir

rebâtir le temple? Enfin, le livre de Daniel eſt encore plus clair ; car il y eſt dit (1) : *La première année de Darius, (moi Daniel) je compris que le nombre des années dont le Seigneur avoit parlé par la bouche de Jérémie, alloit être accompli.*

Je ſais que le livre de *Daniel* a ſemblé déſigner un autre *Darius* que le fils d'Hyſtaſpes ; mais c'eſt une indication dont l'erreur eſt redreſſée par Eſdras, par Joſephe (2), par les prophètes cités, & par l'examen des faits.

On ſe rappelle que nous avons compté depuis la ruine de Jéruſalem, juſqu'à la ſeconde année de *Darius*, ſoixante-ſept ans neuf mois. Une telle approximation ſuffiroit déjà ſans doute pour prouver que cette année eſt la véritable époque finale des ſoixante-dix ans ; mais nous avons une remarque à faire qui porte le ſynchroniſme à la dernière préciſion. On doit obſerver que ces années ſont tirées des calculs babyloniens & perſes ; or chez ces deux peuples l'année étoit ſolaire. Chez les Hébreux, au contraire, elle étoit lunaire, c'eſt-à dire, de 355 jours (3), ſelon une ancienne évaluation des Egyptiens, qui ont preſque tout fourni aux Hébreux. De là réſulte en excès une différence de 10½ jours par an : nous avons donc à retirer ſur nos 67, ou plus rondement 68 années ſolaires, 697 jours, qui, répartis en années lunaires, en donnent deux mois 13 jours ; ce qui, dans le calcul des Hébreux, fait en totalité 69 ans 9 mois. Aſſurément on n'a pas coutume d'obtenir de ſemblables préciſions dans ces ſiècles reculés.

Mais demandera quelqu'un, quel eſt ce Darius que Daniel fait contemporain de Cyrus, & prenant Babylone avec lui ? Malheureuſement la raiſon de ceci n'eſt pas orthodoxe. Quoi qu'en ait décidé le Concile de *Trente*, nous ne pouvons regarder le livre intitulé *Daniel*, comme un livre authentique, ni comme l'ouvrage de l'homme dont il porte le nom.

En vain l'auteur peint en ſtyle prophétique le retour des Juifs, la conquête d'Alexandre, les guerres de Ptolemée & des Antiochus. Nous ne voyons dans cette formule qu'une

ſupercherie mal-adroite, & nous tenons pour certain que cet ouvrage eſt une ſuppoſition poſtérieure à Antiochus Epiphane(4) ; c'eſt ce prince qu'il a en vue quand il parle d: l'*abomination*, de la *déſolation* du temple, c'eſt-à dire de la ſtatue de Jupiter qu'Antiochus fit placer dans le ſanctuaire ; & ceci explique pourquoi l'on trouve des termes grecs dans Daniel (5), & pourquoi les Septantes, de l'aveu de St.Jérôme, (6) n'en ont point fait la traduction.

Ceci poſé, j'apperçois d'où vient le Darius de Daniel. Hérodote nous apprend que du tems de Darius, fils d'Hyſtaspes, la ville de Babylone ayant ſecoué le joug des Perſes, ce prince en fit le ſiége & vint à bout de la reprendre. C'eſt ce ſiége & cette priſe qui, dans l'eſprit du Rabbin ſuppoſiteur, ont fait confuſion avec le ſiége & la priſe par Cyrus ; & c'eſt en conſéquence de cette confuſion qu'il a tranſporté au premier événement une circonſtance du ſecond. Ceux qui connoiſſent la littérature juive de ces ſiècles, ſavent qu'il n'eſt point d'anachroniſme & de fable dont l'ignorance rabbinique n'ait été capable.

Cette première erreut établie a été la ſource de celle que nous avons détruite ; c'eſt-à dire, de l'opinion qui ſuppoſoit 70 ans de la priſe de Jéruſalem au règne de Cyrus. En effet, ayant reporté à cette époque *Darius*, fils d'Hyſtaſpes, il a été preſque néceſſaire de lui conſerver l'idée des 70 ans qui s'étoit déjà aſſociée à la ſienne (7).

Nous terminerons cet article par établir le rapport du canon du temple à notre ère vulgaire.

Darius ayant régné trente-ſix ans, mourut l'an 507 (8).

La bataille de Marathon, qui eut lieu cinq ans avant la mort de ce prince, (9) tombe donc à l'an 503.

---

(1) Dan. c. 9. v. 1.

(2) Contr. app. lib. 1.

(3) V. Aſtron. ancien, de Bailly. Liv. 6. Eclaircſ. §. 3.

(4) C'eſt le ſentiment de Porphyre.

(5) par exemple, Symphonia. c. 3. v. 15.

(6) Præf. in Daniel.

(7) Joſephe me paroît le premier écrivain qui ait copié cette faute, *Antiq. jud. lib. X. c. 11. & lib. XI. c. 1.* mais il la corrige enſuite dans ſon ouvrage contre Appion. lib. 1.

(8) Herod. lib. 5.

(9) Id. ib. p. 403.

Xercès fils, & succeſſeur de Darius, commença de régner l'an 508.

Son paſſage en Grèce étant arrivé dans la cinquième année (1) de ſon règne, tombe par-ſéquent à l'an 512. Cette même année arriva une éclipſe de ſoleil, que Coſtard, dans ſes calculs, place à l'an 478 avant J. C. (2) De là réſulte un appointement des deux ères, qui place la fondation du temple 989 ans avant J. C.; mais comme dans cette ſomme il y en a quatre cens ſix lunaires, étant fournies par les Hébreux, il ſe trouve, en les réduiſant en années ſolaires, une ſomme totale de neuf cens ſoixante-dix-ſept ans, plus 221 ½ jours.

____

(1) Id. lib. 7. p. 520.

(2) V. Aſtron. de la Lande. in-4°. *Préface.*

Tableau des années des rois Hébreux, calculées sur l'ère du temple de Salomon.

Rois		Années avant le Temple. Années lunaires de 354 jours ½.
David	1ere	44
	40	5
Salomon	1	4
	4	Fond. du Temp.
	40	36

Le royaume des Hébreux se divise en deux.

Rois de Juda		Rois d'Israël		Années avant le Temple
Roboam	1ere	Jéroboam I.	1ere	37
	17		17	53
Abia	1		18	54
	3			56
Asa	1	(20 pour)	21	57
	2	Nadab	1	58
	3	Baza	1	59
			23	81
	26	Ela	1	82
	27	{ Zambri, 7 jours { Amri	1	83
			11	93
	38	Achab	1	94
	40			96
Josaphat	1ere		4	97
			22	115
(17 pour)	20	Okosias	1	116
			2	117
		Joram	1	118
	25			121
Joram	1		5	122
	7			128
Ochozias	1		12	129
Athalie	1	Jehu	1	130
	6			135
Joas	1		7	136
			28	157
	23	Joakas	1	158
			16	173
(37 pour)	39	Johaz	1	174
Amasias	1		2	175
			15	188
	15	Jeroboam II.	1	189
	30			204

Années après le Temple.		Rois de Juda.		Rois d'Israël.
	205	Ozias dit Azarias 1ère	 17	
	230	. . . .	 42	
	231	. . . . . . (28 pour) 27	Zacharie, 6 mois.	
	232	. . . . . . (29 pour) 28	{ Sellum, 1 mois.	
			{ Manahem 1	
	243	. . . .	 12	
	244	 40	Phacée I 1	
	245	. . . .	 2	
	246	 42	Phacée II 1	
	247	Joathan seul 1	 2	
	252	 6	. . . .	
	253	Achaz 1	. . . .	
	264	. . . .	 19	
	265	. . . . . . (12 pour) 13	Osée 1	
	267	 15	. . . .	
	268	Ezekias 1	. . . . (3 pour) 4	
	273	 6	 9	
	296	 29	*Fin du royaume d'Israël.*	
297 à	351	Manassès 55		
352	353	Amon 2		
354	384	Josias 31		
		{ Joakas, 3 mois.		
385	395	{ Joakim . . . . 11 ans		
		{ Jekonias, 3 mois.		
396	406	Sédecias . . . . 11 ans		

Fin du royaume de Juda.

Années solaires.		Nabukodonosor règne depuis la prise de Jérusalem.
406	430	Inclusivement 25
431	432	Evil-Merodak 2
433	436	Nériglissor 4
	437	Laboroso-Achod . . . . 9 mois.
438	454	Nabonide 17
455	463	Cyrus prend Babylone, & règne 9 ans.
464	470	Cambyses . . . . 7 ans 5 mois.
	471	Smerdis . . . . 7 mois.
	472	‡ Darius Hystaspide, première année.
	503	‡ Bataille de Marathon, cinq ans avant la mort de Darius. Herod.
	507	36e. de Darius.
	508	‡ Xercès 1
	512	‡ Passage de Xercès en Grèce.
	989	Naissance de J. C.

‡ Les marbres d'Arundel donnent les mêmes dates, à deux années près.

CHAPITRE II.

Des Tyriens.

« DE tout tems , dit l'historien Josephe (1), » les Tyriens furent soigneux d'écrire l'histoire ; & non-seulement ils tenoient regître » des faits de leur propre pays , mais ils comparoient encore les évènemens les plus remarquables des étrangers. Leurs annales ont » été traduites du phénicien en grec par Dius » & Ménandre d'Ephèse, qui , pour composer » une histoire très-fidèle des Rois tant grecs » que *barbares*, ont compulsé les archives & » monumens de chaque peuple & de chaque » pays. »

Il seroit à souhaiter que Josephe eût extrait beaucoup de morceaux d'un pareil ouvrage ; mais ses recherches n'ayant eu pour but que de prouver certains faits par le témoignage des étrangers, il s'est borné à quelques rapports principaux de l'histoire des Tyriens à celle des Hébreux. Voici entr'autres un des fragmens qu'il donne de la liste des Rois de Tyr , & le mérite de cette pièce développé dans ses conséquences nous fera sentir combien est grande la perte que nous avons faite.

Liste des Rois de Tyr.

'Abibal . . . . , ... (*fortè* 20 ans.)
Son fils Hiram 34
Son fils Baléazar.. 7 (ou plutôt 17)
Son fils Abd-Astarte , ... 9
(2) {
  assassiné ·par les quatre enfans de sa Nourrice , dont l'aîné N . . . , ... 12
  Astarte, *fils de De-léastarte* 12
  Son frère Aseryme , . . . 9
  assassiné par son frère Phélès , ... oo 8 mois.
}
assassiné par Ithobal , *Prêtre d'Astarté* . . . . . . 32.

Son fils Badézor . . . . 6 ans.
Son fils Matgen. 9
(3) . . . Pygmalion 47

La septième année de Pygmalion, Didon, sa sœur, s'enfuit en Afrique & fonde Carthage (4).

Les annales de Tyr ajoutoient que le temple de Salomon fut fondé l'an 12 d'Hiram. Sur ce rapport connu , il est aisé de classer ces règnes ; (*V. le tableau général.*) mais il s'élève une difficulté ; car elles assuroient en même-tems que la fuite de Didon arriva 143 ans huit mois après la fondation du temple : or, dans le détail des années, la septième de Pygmalion ne se trouve être que la 127e ; ce qui donne un *déficit* de 17 ans , qu'il n'est pas aisé de corriger , parce que Josephe est le seul écrivain compétent en cette partie (5) ; & son récit ne laisse point appercevoir bien évidemment de quel côté , du détail ou du résumé, se trouve l'erreur : cependant je suis porté à admettre 17 ans pour le règne de Baléazar au lieu de 7 , parce que tel est le témoignage unanime de Syncelle & de Théophile. Mais il reste toujours un vuide de 7 ans , que nous laisserons douteux plutôt que de nous égarer en mauvaises interprétations comme Scaliger (6).

---

(1) Ant. jud. lib. 8°. t. 3. & contr. App. lib. I. n°. 17. & 18.

(2) Quoique les expressions de Josephe soient ambigues, il paroît néanmoins que ces quatre sont frères.

(3) Josephe ne dit pas expressément que Pygmalion fut fils de Matgen , mais les copistes Eusébé & Théophile l'assurent.

(4) Les Phéniciens avoient fondé des Colonies dans ce pays long-tems auparavant , puisque *Utique* date de 187 avant Carthage. *V.* Bochart. Phaleg.

(5) Ce même fragment se trouve dans Théophile d'Antioche, *apud Justin. Martyr.* & dans le Syncelle : mais ces deux écrivains ne sont que copistes , & copistes très-infidèles ; car , d'un côté , le Syncelle, p. 183, omet le règne de l'Anonyme , & quand on le restitue , il se trouve en excès de quatorze ans : d'autre part Théophile omet Abdastarte & l'anonyme ; ensuite il dispose tellement les règnes & les âges , qu'Ithobal se trouve engendrer à deux ans, & que Pygmalion naît dix-sept ans avant Matgen , qu'il appelle cependant *son père.* Toutes fois , comme il s'accorde à donner dix-sept ans à Baléazar , il faut croire qu'ils ont eu cette lecture dans leur manuscrit.

(6) *Proleg. emend. Temp. p.* 38.

Il faut ajouter à la liste de Josephe, un *Eululéus*, qu'il dit avoir régné du tems de Salmanazar. Mais en outre, nous trouvons deux princes dont il n'a pas jugé à propos de faire mention. Le premier est *Paphus*, que deux auteurs anciens, cités par Bochart (1), nous apprennent avoir été fils de Pygmalion, & avoir régné après lui, sans cependant spécifier la durée de son règne. Le second est un *Hiram* fourni par les livres hébreux. Ils rapportent que peu de tems après que David fut devenu Roi de toutes les Tribus, (2) Hiram, Roi de Tyr, lui envoya des ouvriers pour construire son palais. Or, ce fait ne pouvant guère se descendre au-dessous de la douzième année de David, il est impossible que cet Hiram soit le même dont il est parlé au tems de Salomon. Ce ne peut être, ainsi qu'on l'a déjà pensé, qu'un autre prince qui aura été père d'Abibal. A ce moyen, le règne de ce dernier deviendroit connu ; car ce premier Hiram prenant dix à douze ans sur le règne de David, & le second huit, il en resteroit vingt à vingt-deux pour Abibal, qui fut intermédiaire.

Nous remarquerons que l'Ithobal de Ménandre est l'*At Bal* des Hébreux, beau-père d'Achab, par Jesabel ; & les tems conviennent parfaitement, puisque l'un date de l'an 94 du temple, & l'autre de l'an 84.

Mais une observation beaucoup plus importante, c'est que les Rois de Tyr le furent aussi de Sidon. Depuis Hiram jusqu'à Pygmalion, on en a des preuves incontestables. Quand Salomon fit demander à Hiram des ouvriers, il voulut que les charpentiers & les menuisiers fussent *Sidoniens* (3), donc Hiram régnoit sur les *Sidoniens*.

Atbal, père de Jesabel, est expressément appellé Roi des Sidoniens (4).

Virgile étoit donc bien instruit, quand il donnoit à Didon, arrière petite-fille d'At Bal, l'épithète de *Sidonienne*, & nous verrons bientôt combien les connoissances de ce poëte ont été exactes dans toute cette partie.

Ce sujet amène naturellement un fragment très-précieux de Porphyre, lequel, par ses rapports avec certains faits, va nous conduire d'analogie en analogie à la solution du plus important problême de l'histoire grecque. Ce philosophe, que ses querelles avec les Chrétiens avoient engagé dans des recherches particulières sur les antiquités des Hébreux, avoit découvert entr'autres un ouvrage phénicien, dont il tiroit des éclaircissemens singuliers sur l'antiquité. Voici ses paroles, ou plutôt celles de Philon de Beryte, dont il empruntoit l'autorité (5)

« Personne n'a parlé avec plus d'exactitude
» de ce qui concerne les Hébreux, qu'un nom-
» mé *Sanchoniaton* de Beryte. Ayant entrepris
» d'écrire l'histoire des tems anciens, il s'ap-
» pliqua à recueillir des instructions de toutes
» parts ; il compulsa les archives des villes &
» les monumens de temples. Quant à ce qu'il
» dit des Hébreux, il le tint d'un certain *Hié-*
» *rombal, prêtre du Dieu Yéou :* aussi les noms
» des lieux & des personnes qu'il rapporte,
» conviennent exactement avec les leur…. Il
» dédia cette histoire à *Abibal, Roi de Beryte,*
» & non seulement ce prince, mais tous ceux
» au pouvoir de qui il étoit de juger par eux-
» mêmes de la vérité des faits, donnèrent leur
» applaudissement à cet ouvrage. Or, le siècle
» d'*Abibal* & de *Sanchoniaton* se rapproche
» beaucoup de celui de Moyse, comme il se
» prouve par la chronologie des Rois phéni-
» ciens; & il est parallèle au tems de Sémiramis
» que l'on assure avoir vécu avant la guerre de
» Troye, ou tout au plus tard dans le même
» tems…. C'est à Philon de Béryte que nous
» devons cet ouvrage, qu'il a traduit du phé-
» nicien en grec. »

A ces détails, Porphyre joint un passage du traducteur qui mérite d'être rapporté.

« Pour approfondir l'histoire des Phéniciens,
» disoit Philon, il m'a fallu parcourir une foule
» de livres & de monumens, *non de ceux qui*
» *sont entre les mains des Grecs*….. Le cahos
» & les contradictions de leur histoire, qui
» semblent écrites plutôt par un esprit de dispute
» scholastique, que par amour de la vérité,
» n'offrent rien d'instructif ».

---

(1) Phaleg. p. 363.

(2) Samuel II. c. 5. w. 11. & paral. I. c. 19. v. 1.

(3) Reg. 1. c. 5. v. 6.

(4) Ibid, c. 16. v. 31.

(5) *Apud Euseb. præp. Evang. Lib. I. p. 30.*

Ceci vient à l'appui de ce que Josephe nous dit du grand nombre de Livres historiques des Phéniciens ; & l'histoire des Philosophes Grecs prouve qu'ils en eurent dans toutes les sciences.

Je ne parlerai point des doutes que l'on a élevés sur l'authenticité du fragment de Sanchoniaton : ils conviennent à ceux qui ne font point assez versés dans la littérature orientale, pour en reconnoître les caractères ; il est d'ailleurs assez familier à quelques savans de traiter d'apocryphes les ouvrages qui contrarient leurs idées. Mais plus on pénétrera dans les antiqités de l'Asie, plus on sentira le prix du morceau qui nous reste, plus on regrettera la perte du corps de l'ouvrage.

Il faut nous borner actuellement à déterminer le temps où l'auteur a vécu.

Jusqu'à ce jour, on n'a rien entendu à l'ensemble de temps que présente Porphyre, ou plutôt son auteur Philon ; & cela n'est pas surprenant ; car, pour résoudre cet énigme, il falloit bouleverser toutes les idées reçues, culbuter un édifice d'erreur qui subsiste paisiblement depuis deux mille ans : en un mot, il falloit reprendre la Chronologie par ses fondemens, & personne ne s'est avisé de soupçonner le travail qu'il y avoit à faire en cette partie.

Le récit de Porphyre porte un louche qui a masqué jusqu'ici les rapports & les analogies des faits qu'il présente. Il sembleroit à l'entendre, que *Beryte* fut un royaume indépendant & particulier, ce qui n'est point.

L'*Abibal*, dont il est fait mention ici, est réellement un roi de Tyr, celui-là même qui dans notre isle est le père d'Hiram ; il a mérité le titre de *roi de Beryte*, en ce que cette ville étoit de la dépendance de Tyr ; & il a été désigné sous cette qualité par l'équivoque d'une phrase originale qui a dû porter : que *Sanchoniaton de Beryte dédia son ouvrage au roi de sa patrie.*

Sans doute l'on se récriera contre cette application : on alléguera la chronologie des Assyriens, qui, plaçant Sémiramis sept ou huit siècles avant David, rejette par conséquent *Sanchoniaton* & *Abibal* bien loin du temps où je les place.

Mais que deviendra cet argument, si je prouve que Sémiramis elle même fut contemporaine de David (1) ?

On invoquera Séfostris, qui, de l'aveu de tous les auteurs, fut contemporain de Sémiramis, & qui, par les calculs des Chronologistes, précéda Moyse de plusieurs siècles ; mais je démontrerai encore que Séfostris n'a point précédé David.

Enfin on m'objectera la guerre de Troye, qui, d'un commun accord, est de beaucoup antérieure au prince hébreu.

Mais je prouverai que sur cet article on se trompe d'un commun accord, & que la guerre de Troye fut postérieure à David.

L'ordre des faits ne me permet point de déduire à la fois toutes ces preuves ; dans des choses qui se tiennent par des rapports étroits, il faut nécessairement accorder des données, sauf à retirer sa croyance quand les preuves supposées se trouvent fausses.

Je vais d'abord établir la guerre de Troye, & prouver qu'étant arrivée sur la fin du premier siècle du Temple, elle a été postérieure à David, & par conséquent à *Sanchoniaton* & *Abibal*, selon le témoignage de Philon.

Trois historiens phéniciens, cités dans un fragment de Tatien, que nous a conservé Eusèbe (2), convenoient unanimement que sous un même roi de tel pays, étoient arrivés, 1°. l'enlèvement d'Europe ; 2°. l'abord de Ménélas en Phénicie ; 3°. l'alliance d'Hiram avec Salomon. Or, Ménélas est un des principaux acteurs de la guerre de Troye. Voici donc déjà de grands rapprochemens, puisque Philon fait son Abibal un peu antérieur, ou presque contemporain à cet événement. Tatien ajoute que Ménandre de Pergame attestoit la même chose dans *son Histoire* ; ce Ménandre me paroît le même que celui que Josephe dit originaire d'Ephèse, & le témoignage de cet écrivain est du plus grand poids.

---

(1) D'ailleurs, on tombe dans une absurdité : car il est dit que Sanchoniaton consulta un *Prêtre hébreu* : or il n'en exista point avant Moyse ; la phrase de Philon est de l'hébreu tout pur. *Hierom-bal, ennemi de Bal*, est le nom générique que les Phéniciens donnoient aux Prêtres hébreux ; & *Ieou* est l'*Ieoue* de Moyse, dans la meilleure prononciation possible.

(2) *Euseb. præpar. Evang. p. 493.*

Mais il est des faits encore plus précis.

Dans l'ouvrage que l'on attribue à *Dictys* de Crète, & qui, de quelque main qu'il vienne, a puisé ses instructions dans des monumens très-anciens; dans cet ouvrage, dis-je, il est deux passages qui nous indiquent au doigt & à l'œil l'époque de ce célèbre événement. On y fait mention d'un roi de Sidon, qui régnoit dans la première année de la guerre, & l'on y donne son nom, qui est *Phalis* (1). Si, comme je le prétends, la guerre de Troye fut postérieure à David, les rois de Sidon étant les mêmes que ceux de Tyr, nous devons reconnoître celui-ci dans notre liste, & cela se trouve ainsi : personne ne niera que le *Phalis* de *Dictys* ne soit le même nom que le *Phélès* de Ménandre ; & le détail des faits confirme l'identité de personne ; le même *Dictys* rapporte que Paris, après le rapt d'Hélène, fut poussé par des vents contraires à Sidon, & son récit, attesté en ceci par Hérodote & par Homère (2), prouve qu'il a puisé aux mêmes sources qu'eux. Il ajoute que par une perfidie atroce, Paris assassina le roi de Sidon, qui lui avoit donné l'hospitalité. Or, il se trouve qu'*Aséryme*, prédécesseur de *Phélès*, mourut *assassiné* ; il est vrai que Ménandre attribue ce meurtre à *Phélès même son frère*. Mais Dictys porte une circonstance, qui, loin de contrarier ce récit, s'y rapporte parfaitement ; car il dit que, *Paris rendit la famille même du roi complice de son crime* (3). D'après cette complicité, on peut bien avoir regardé à Tyr, *Phélès* comme le meurtrier d'*Aséryme*, & l'on voit ici une concordance qui certifie ce que j'ai avancé. Or, disposant la guerre de Troye en conséquence de ces indications, nous en placerons le commencement dans l'année du règne de Phélès, c'est à dire, en 83. Mais si l'on se rappelle que nous avons sept ans en lacune, & qu'on peut les supposer antérieurs à Phélès ; alors elle se retardera jusqu'à l'an 90, & le siége de la ville ayant duré dix ans, la ruine d'Ilium tombera l'an 100. Dans tous les cas, elle appartient à la fin du premier siècle du temple, & voilà sans doute pourquoi le Syncelle dans ses époques vagues, la place sur le témoignage de Philistus (4), au même temps que la fondation de Carthage. On a cru que Philistus indiquoit une autre fondation que celle de Didon, parce qu'il l'attribue à *Ezor* & *Karchedon* ; mais l'auteur grec, comme l'a très-bien prouvé Bochart, n'a pas entendu la phrase phénicienne ; & il a pris pour des noms d'homme ceux des villes de *Tyr* (*É-tsour* en phénicien) & de Carthage même.

Ceci posé, il se trouve que Virgile a très-bien connu ces faits : tout ce qu'il dit y correspond, & dans les détails qu'il donne, il devient en quelque sorte la continuation de l'histoire. Examinons son récit.

Atque equidem teucrum memini Sidona venire, &c.

« Je me souviens, fait-il dire à Didon, je me souviens d'avoir vu Teucer à Sidon, quand, chassé de sa patrie, il vint chercher de nouveaux états par le secours de Belus mon père. Belus (5) alors portoit ses armes victorieuses dans l'opulente Chypre, & la soumettoit à ses loix. Dès-lors je connus la funeste catastrophe *d'Ilium*, &c. »

Supposons la ruine de Troye arrivée l'an 100, supposons que Didon parle à Enée l'an 148. Selon les marbres, Teucer aborda à Sidon sept ans après la prise de Troye ; il y auroit donc eu 38 ans que Didon avoit pu voir Teucer ; & ces paroles, *je me souviens, dès-lors* indiquent un temps assez lointain. Il est vrai que l'arrivée d'Enée en Afrique est trop retardée : mais elle ne passe point une certaine vraisemblance, sur-tout si l'on observe que Virgile, qui a pris en tout Homère pour son modèle, a pu supposer à son héros vingt ans de voyage comme à Ulysse. Il est encore vrai que, prenant Matgen pour père de Didon, elle ne pouvoit alors être née ; mais aussi le poëte a pu prendre quelques licences ; &, certes, elles ne sont point déraisonnables comme cet énorme anachronisme de 300 ans, dont on l'inculpe aujourd'hui contre toute vérité. Ce n'est point par pure gentillesse d'esprit qu'il a fait Enée & Didon contemporains, mais en conséquence d'un système encore en vigueur

---

(1) *Dictys Cretensis de Bello Trojano. p.* 20. *in*-4°.

(2) Herod. p. 156, & il cite Homère.

(3) *Ipsiusque domum in proprium scelus convertit. p.* 7.

(4) Syncelle. p. 172.

(5) Ce nom de Belus sembleroit mieux convenir à Ithobal qu'à Matgen, mais il paroît avoir été commun à tous les Rois de Tyr. Abi-*bal*. Bal-éafar, &c.

de

de fon temps, & qui tenoit les efprits en balance contre celui qui depuis a prévalu (1). En
effet, il feroit incroyable que Virgile, qui fuit
en tout la trace des traditions *homériques*, que
Virgile, qui étoit très-verfé dans les antiquités,
comme le prouve fa géographie de l'Italie &
de l'ancien Occident, eût fabriqué de fon chef
une fable auffi révoltante. D'autres détails nous
prouvent qu'il étoit bien inftruit fur les rois
Tyriens (2) ; & il nous apprend une circonftance neuve & intéreffante, quand il dit que le
père de Didon conquit l'ifle de Chypre. Ce fut
en conféquence de cette conquête, que Pygmalion la poffeda, comme l'atteftent *Néanthe*

de Cyzique & *Afclépiade*, cité par Porphyre (3);
qu'il y bâtit la ville de *Carpafia*, comme nous
l'apprend *Etienne* de Byzance : c'étoit encore
par une fuite de cette même domination, qu'*Eu-
luleus*, roi de Tyr, faifoit, du temps de Salmanazar, la guerre aux *Kithiens* qui s'étoient
révoltés contre lui (4).

Par tous ces faits fe trouvent juftifiées &
l'époque que nous avons affignée à la guerre
de Troye, & l'application que nous avons
donnée au paffage de Philon. Il eft remarquable que les témoignages allégués font tous
phéniciens ou de fource phénicienne : à ce titre ils font du plus grand poids, parce que les
Phéniciens *eurent des annales, dont la férie re-
montoit avec continuité dans une antiquité très-
reculée*; avantage que n'ont point celles des
Grecs. Auffi, lors même que les affortions de
celles-ci feroient toutes contraires, l'ordre
que nous rétabliffons n'en fubfifteroit pas
moins par l'autorité de celles-là. Mais les Grecs
eux-mêmes, dans la confufion de leurs récits,
nous fourniffent des preuves tout-à-fait analogues, comme nous l'allons voir dans les articles fuivans.

---

(1) » Les fentimens des plus anciens Hiftoriens fur la
» fondation de Rome , dit Denys d'Halicarnafte , font
» très-variés : les uns l'attribuent à Romulus , &
» comptant quinze générations depuis la guerre de
» Troye , la placent dans la feptième Olympiade ;
» d'autres, comme Cephalon de Gergithe , l'attribuent
» à *Enée* ou à *fon fils Remus* , deux ans après le fac de
» Troye. (& Ariftote la place à cette date. Voyez Syn-
» celle , p. 192.) Enfin Timée de Sicile, fuivant des cal-
» culs dont je ne connois point les fources, affure
« qu'elle fut fondée en même-tems que Carthage. »
Dion. Hal. Liv. I. p. 57.

Or cette dernière époque forme un fynchronifme avec
Céphalon : & il eft remarquable que Timée eft un des
plus anciens & des meilleurs Chronologiftes de l'Occident, comme nous aurons d'autres occafions de le
voir.

(2) Servius puifoit également dans de bonnes
fources , quand il a dit que *Belus* étoit fynonime à
Mithras.

---

(3) V. Samuel Bochart. Phaleg. in-fol. p. 363.

(4) Menandre *apud Jofeph. Ant. Jud.* Lib. IX. c. 14.
& Contr. App. Lib. I.

CHAPITRE III.

§. 1. *De l'Ere des Olympiades. Du système des Générations. Du tems d'Homère, Héfiode, Lycurgue & Pythagore.*

Pour déterminer avec certitude le rapport de l'ère des Olympiades à celle du temple, il faut defcendre jufqu'au paffage de Xercès en Grèce. Selon Diodore, qui paroît fuffifamment inftruit dans cette partie, cet événement arriva la première année de la 75ᵉ. Olympiade; mais ceci demande une obfervation. Il faut favoir qu'il y avoit deux calculs d'Olympiades : 1°. celui des Eléens, qui tenoient pour nuls deux quatrains d'années qui euffent dû faire la 8ᵉ. & la 32ᵉ.; & c'eft ce qu'on nomme *Ano-lympiades*; 2°. celui des Piféens qui les reftituoient. Cette différence a dû produire dans les auteurs une équivoque à laquelle on n'a peut-être point affez fait attention. Elle n'exifte point dans notre cas, parce que Diodore avertit qu'il compte fur les Eléens (1).

D'autre part, Hérodote, contemporain de Xercès, nous apprend que ce prince paffa en Grèce la 5ᵉ. année de fon règne (2), qui nous eft connue pour la 512ᵉ. du temple. Or, 74 Olympiades, à quatre ans chacune, plus l'année courante, donnent 297, qui, fouftraits de 512, laiffent de refte 215 pour la première année des Olympiades *felon les Eléens :* mais fi l'on reftitue les huit ans qu'ils omettoient, on remontera à 207, & telle eft l'époque (3) de la fondation, ou plutôt du rétabliffement des Jeux Olympiques par *Iphitus*, roi d'*Elis* (4).

Le calcul des temps par les Olympiades ne s'introduifit que fort tard. Hérodote n'en fournit pas un feul exemple : ce ne fut que près d'un fiècle après lui que les écrivains, fentant la néceffité d'un type général & commun, s'avisèrent de choifir celui-là. On parle de Timée de Sicile comme en ayant, le premier, fait ufage; or ce Timée n'ayant écrit que vers le fiècle d'Alexandre, prefque toutes les citations d'O-

que les Grecs nous en racontent, prouve combien ils étoient ignorans dans leurs propres antiquités. Ils difoient, par exemple, que c'étoit un homme appellé *Hercules* qui les avoient inventés, & que lui-même y avoit combattu le premier : mais ce pretendu *homme* n'eft qu'un être aftronomique : c'eft le *Soleil*. En écartant les voiles de l'allégorie, ou plutôt des équivoques du langage, on reconnoît que les jeux Olympiques étoient une fête cyclique à l'honneur de cet aftre. On célébroit fon quatrième retour au même tropique; & au 1465 jours écoulés, on en ajoutoit un formé du quart réfervé pendant les quatre ans. C'eft ce que nous pratiquons encore dans l'intercalation que nous appellons *Biffextile*. Joignez à ceci que le nom d'*Elis*, où fe célébroient les jeux, fignifie *ville du foleil* en phénicien. (*Al.*)

C'eft cette même période de quatre ans, dont l'emblême étoit chez les Egyptiens, fes inventeurs, un champ quadripartite : & il eft remarquable que ce caractère aftronomique eft devenu *gramma* alphabétique; c'eft la huitième lettre de l'alphabet primitif, bien confervée dans le Hd des Phéniciens. Cette idée, qui a bien des conféquences, prouve entr'autres que la connoiffance de la révolution folaire, telle que nous l'avons aujourd'hui, appartient à la plus haute antiquité; mais les Barbares de la Grèce, chez qui ce fut une plante étrangère, ne furent pas la conferver, puifqu'on les trouve plufieurs fièles après fe fervant de l'imparfaite année lunaire, & qu'il fallut qu'Eudoxe & Platon retournaffent en Egypte chercher la connoiffance de l'an folaire.

Il en fut ainfi des Jeux Iftmiques, Pythiques & Néméens, qui tous furent des *Jubilés* de diverfes périodes aftronomiques, & tous les ufages de la haute antiquité portent le même caractère. Les *Cirques*, les *Amphithéâtres*, les *Danfes*, la *Mufique*, tout étoit fymbole des révolutions des aftres dans leurs orbites circulaires: de-là le caractère facré de toutes ces chofes chez les anciens : de-là cette fameufe danfe *Pyrrhique* en l'honneur de la Canicule; la danfe *Angélique* en l'honneur des Planètes; celles d'Adonis, de Bacchus, d'Hercule en l'honneur du Soleil. V. *Thefaur. ant. Græcar.* Gronovii. tom. 7 : de-là ces tournoiemens des Dervifches, des Bonzes, des Fakirs, les proceffions des Chrétiens, &c.

---

(1) *Agebatur apud Eleos 75a. Olympias … Hac tempeflate Xerces græcis Bellum movit.* Diod. Sicil. Lib. XI. p. 406. Edit. de Wefieling. 2 vol. *in-fol.*

(2) Herod Lib. VII. p. 520.

(3) Les anciens Chronologiftes Chrétiens, & les modernes, qui ne font ordinairement que leurs copiftes, defcendent de vingt ans l'Ere des Olympiades; mais c'eft parce qu'ils la calculent fur le règne de Cyrus, & qu'ils veulent toujours admettre 70 ans de la prife de Jérufalem jufqu'au règne de ce prince.

(4) L'origine de ces jeux va fe perdre dans la nuit des antiquités facrées de l'Egypte; ils furent apportés en Grèce par les Phéniciens avec tout le fyftême de religion dont ils faifoient partie : par le laps de tems, le véritable motif de leur inftitution s'oublia; & ce

lympiades qui le précèdent n'ont été faites que par fupputation. On confronta les calculs des différens mémoires & monumens, & on les rapporta à la férie des Olympiques. Dans ce travail, la diverfité des Chroniques, l'inexactitude des rédacteurs dûrent néceffairement intro luire des variations; auffi les hiftoriens ont-ils des difcordances continuelles fur les dates des évènemens un peu anciens.

§. 2. *Du fyftéme des Générations.*

La méthode d'évaluer les temps par la fucceffion des générations, eft plus ancienne, & a été plus étendue qu'on ne l'imagine ordinairement. On la trouve employée dans les premiers écrivains cités de la Grèce, de l'Italie, de l'Afie, de l'Egypte, dans Tyrtée, Ephorus, Agathocle de Syracufe, Céphalon de Gergithe, Xanthus de Lydie, Hérodote, &c. Les trois *âges* de Neftor, dans Homere, ne font pas autre chofe que des *générations* ; & par là le poë'e n'a pas entendu trois fiècles, comme quelques uns l'ont cru ; mais trois fois 33, ou, en nombre ronds, un fiècle, felon l'évaluation généralement ufitée par les anciens.

De nos jours on a reffufcité le fyftême des générations ; mais on n'en a point retiré l'avantage qu'on s'en étoit promis, parce qu'on a péché dans un point capital. Avant d'employer cette mefure univerfelle, il eût fallu examiner fa conftitution, vérifier fi l'évaluation qu'on admettoit étoit fondée fur les faits, fur une expérience conftante ; & l'on n'a rien fait de raifonnable fur cet objet. Il eft vrai que Newton a prétendu prouver, par la généalogie des rois de France, que le terme commun des générations étoit réellement de 33 ans : mais quand cet exemple feroit vrai, il ne fuffiroit point ; car dans une matière auffi fufceptible d'accidens, il faut s'attendre à des variations. Difons la vérité : on n'a point cherché à fonder un fyftême fur des faits, mais on a cherché des faits pour prouver un fyftême reçu d'avance, parce qu'il étoit confacré par un ufage de trois mille ans, par l'autorité des Grecs, des Latins, & fur-tout des Egyptiens à qui il paroît devoir fon origine. Il feroit curieux de rechercher quels furent chez ce peuple les motifs de cette évaluation ; l'on trouveroit fans doute qu'elle provint de quelqu'ufage civil ; il femble qu'on en apperçoit des traces dans une coutume des Hébreux, dont les Lévites n'entroient en charge

qu'à trente ans, & dans une autre des Romains qui ne conféroient les magiftratures qu'au même âge. Quoi qu'il en foit, l'évaluation des Egyptiens ne peut s'admettre, parce qu'elle contrarie les faits & l'expérience. J'avois commencé fur ce fujet des recherches particulières qu'il n'a pas été en mon pouvoir d'achever ; mais fur l'examen de plus de quinze généalogies, à dix chefs au moins chacune, j'ai cru pouvoir établir pour terme moyen vingt-cinq ans à la génération ; & je le trouve encore fouvent pécher plutôt en excès qu'en *déficit*. Je ne prétends point cependant, par une fimple affertion, déraciner une opinion qui a jufqu'à ce jour fubfifté prefque fans contradiction. Je demande feulement qu'on admette la mienne comme hypothèfe ; au furplus, que l'on revienne à l'examen des faits, que l'on calcule de nouveau un grand nombre de généalogies ; mais dans ce travail il faudra porter certaines précautions, avoir égard à des circonftances phyfiques, morales, politiques qu'on n'a point affez obfervé. On n'a point affez remarqué les différences qui réfultent dans les générations de la différence des climats, des gouvernemens, des conditions & des mœurs. Cependant, tout cela produit des variétés fenfibles ; on n'engendre point au même âge fous le pôle que fous l'équateur ; les particuliers n'engendrent point communément d'auffi bonne heure que les princes : dans les pays nouveaux & fans luxe, les mariages font plus précoces que dans les pays où le luxe règne & où la population regorge. Ainfi dans l'Amérique feptentrionale on voit habituellement des époux de 18 à 20 ans, & le terme moyen de 25 y feroit trop fort : or, la plupart des anciennes généalogies que nous avons font dans le cas de la plus grande briéveté, puifque les fujets en font des princes ou des prêtres, qui ont vécu dans des climats trèschauds, tels que la Paleftine, l'Egypte, la Perfe, la Grèce, &c. Les Hébreux en font la preuve, puifque de David à Jéchonias, c'eft-à-dire dans un efpace de 438 ans, ils donnent dix neuf générations, ce qui ne fait pas vingt-trois ans folaires par chacune ; & cependant cette généalogie n'eft pas dans le cas le plus favorable, puifque Salomon eft à l'égard de David, comme fon petit-fils : auffi, pour me rapprocher de ces conditions le plus qu'il étoit poffible, j'avois pris mes exemples dans les familles des Empereurs Turcs, des Rois de Perfe anciens & modernes, des Kalifes & des autres orientaux ; & comme je l'ai dit, elles m'ont donné, pour terme moyen le plus fort, 25 ans. C'est sur ce pied que j'employe le syftême des générations : & l'on aura plus d'une occasion, dans le cours de cet écrit, de s'étonner de la juftesse avec laquelle il me conduit au niveau des dates connues & déterminées avec certitude par d'autres moyens.

§. 3. *Du tems d'Homère & d'Héfiode.*

Tatien, dans un fragment confervé par Eufèbe (1), a rapporté les noms de feize auteurs plus anciens les uns que les autres, qui tous à l'envi s'étoient occupés de la recherche du tems où vécut Homère ; la confrontation de leurs réfultats eft très-intéreffante, parce que leurs calculs ayant été faits fur ce que l'on avoit de plus anciens monumens, & fur des mémoires originaux de différens peuples & de différens tems, ils nous repréfentent un état de chronologie dont les détails ne fubfiftent plus.

Voici le paffage de Tatien.

« Selon Cratès, Homère fut poftérieur à la
» guerre de Troye de 80 ans : de 100 felon
» Eratofthènes, de 140 felon Ariftarque, de
» 180 felon d'autres ; quelques-uns le font
» contemporain de la Colonie Ionienne ; plu-
» fieurs de Gygès, Roi de Lydie. Hérodote (2)
» eftime qu'il vivoit 400 avant lui, & il lui affo-
» cie Héfiode. »

Dans l'état actuel des connoiffances, ces fentimens forment des contradictions énormes ; par exemple, de Gygès à la guerre de Troye, l'on compte aujourd'hui plus de quatre cents ans. Mais ces difcordances font-elles bien réelles ? Eft-il probable que des écrivains qui ont eu en main des monumens originaux, aient commis des erreurs auffi groffières ? Voyons quelle folution reçoivent ces difficu'tés dans notre fyftême. Nous commencerons par Hérodote.

Par quel moyen a-t-il *eftimé* qu'Homère vécut 400 ans avant lui ? A-t-il été privilégié d'une Chronologie exacte & détaillée ? Dans ce cas, pourquoi ces termes vagues de *vécut*, *efti-*

mer ? Pourquoi ce nombre fommaire de 400 ? Ici le calcul d'Hérodote n'eft pas ce qu'il préfente au premier coup-d'œil ; il n'a pas prétendu eftimer par années, mais par *générations* : c'eft une méthode qui lui eft familière, & dont nous aurons occafion de voir d'autres exemples ; ainfi, quand il dit que les Poëtes ont vécu quatre fiécles avant lui, il entend la valeur de quatre fiécles en générations, c'eft-à-dire, *douze* dans fon fyftême ; mais fi l'on évalue ces douze générations, felon que nous le propofons, on n'aura que trois cents ans. Or, Hérodote ayant fleuri vers 530, Homère eft placé par le vrai fens de fon calcul à l'an 230, & nous allons voir comment les témoignages des autres écrivains quadrent avec cette interprétation.

On doit fe rappeller que nous avons placé la ruine de Troye à l'an 100 du Temple. Homère ayant vécu, felon Cratès, 80 ans, répond à l'an 180. Dans le calcul d'Eratofthènes, il répond à l'an 200. Ceux qui le faifoient contemporain de Gygès ne s'éloignent guère du même fentiment, puifque Gygès régna en 262. D'ailleurs, le terme de *contemporain* embraffant la vie entière, prend une grande extenfion. Ceux qui le plaçoient au tems de la Colonie Ionienne, formoient fynchronifme avec Ariftarque, puifque de l'aveu d'Eratofthènes (3), elle tombe à l'an 140, depuis la ruine de Troye. Il en étoit encore qui le difoient né avant les Olympiades, & l'expreffion de ceux-là revenoit au fentiment de la plupart des auteurs cités. Enfin la contemporanéité reconnue d'Homère avec Lycurgue, Légiflateur de Sparte, achève de prouver la même chofe.

§. 4. *Du tems de Lycurgue.*

(4) Ariftote avoit appris par le *difque* même des jeux Olympiques, fur lequel on gravoit les noms des vainqueurs, que Lycurgue fut contemporain d'Iphitus, fondateur de ces jeux, & qu'il l'aida même de tout fon crédit dans cette entreprife. L'autorité d'un pareil monument eft fans réplique. Iphitus ayant vécu en 207, ou 215, Lycurgue appartient à cette même date. Cicéron approchoit beaucoup de la vérité, ou plutôt il y touchoit, lorfque l'an

---

(1) *Eufeb. Præpar. Evang.* pag. 491.

(2) *Hérod. Lib. II.* p. 119.

(3) *Marsham Chron. Egypt.* p. 334. *in-fol.*

(4) *Plutarq. in vid Lycurgi.*

deux de la 18e Olympiade, il difoit que Sparte gardoit fes loix depuis 700 ans ; car ce calcul revient à l'an 227 du T. Il eft remarquable que Cicéron fuivoit ici la Chronologie de Timée de Sicile, dont il faifoit beaucoup de cas ; or, Timée affuroit qu'Homère fut contemporain de Lycurgue (1), & fon témoignage en ceci eft confirmé par Apollodore & par tout ce que nous venons de voir (2)

Je demande maintenant pourquoi cette foule de fynchronifmes & de coïncidences ? Si le tems que j'affigne à la guerre de Troye eft faux, comment produit il des rapports auffi bien liés entre des Ecrivains divers de tems & lieux ? Une pareille concordance peut-elle exifter fans un fond commun de vérité ?

Mais, dira-t on, fi cette même époque eft réelle, comment fe fait - il que les anciens comptent quatre fiècles entre la guerre de Troye & les Olympiades ? Voilà le problème de contradiction que je laiffe à réfoudre, parce qu'il demande un travail qui excède les bornes que le tems m'a impofées ; j'obferverai feulement que laiffant même à part les contradictions ci-deffus, les calculs des auteurs font fufpects par eux mêmes, en ce que pendant que d'un côté ils détaillent jufqu'aux années, de l'autre ils avouent qu'au delà des Olympiades il n'y a rien de certain ni de fufceptible d'un ordre probable (3) D'ailleurs, les liftes des Rois Grecs & Latins, par lefquelles on veut juftifier ces calculs, demandent elles mêmes

d'être prouvées ; on doit avoir plus que des doutes fur leur certitude hiftorique, quand on y voit des êtres mythologiqnes, tels que Hercule, Inachus, Deucalion, Ogygès, Erectée, Cecrops, Danaüs, Acrifius, Perfée, Cadmus, Faunus, Janus, Saturne, Latinus, Picus, Hefperus, &c. qui n'ont jamais exifté comme hommes, & qui cependant figurent comme tels dans les Chroniques. En général, les antiquités de la Grèce & de l'Italie font encore dans les élémens du cahos. Jufqu'à ce jour, on a peu fait pour y rétablir l'ordre ; ce feroit cependant une entreprife digne d'être tentée ; mais il ne faudroit pas fuivre fervilement & exclufivement un auteur, fe borner étroitement à un peuple ; il faudroit généralifer fes vues, fes recherches, confronter, diftinguer les rapports factices & fyftématiques, de ceux qui font authentiques & réels ; en un mot, reprendre la Chronologie dans fes fondemens. Quant à moi, les antiquités de l'Occident n'ayant point fait l'objet fpécial de mes recherches, il me fuffit d'avoir établi un point capital qui étoit lié trop étroitement à d'autres parties que je traiterai, pour le laiffer en arrière. Je terminerai ce que j'ai à dire fur celle-ci, par le fiècle de Pythagore.

§. 5. *Du tems de Pythagore.*

C'eft aujourd'hui une opinion généralement reçue, que Pythagore fut contemporain de Thalès, c'eft à-dire, vécut vers le milieu du quatrième fiècle : tous nos modernes l'écrivent & le répètent ; il eft vrai qu'ils ont pour garans de leur affertion Diodore, Diogène de Laerte, Jamblique, & la plupart des compilateurs qui font venus après ces auteurs ; mais ce n'en eft pas moins une erreur démentie par des faits avérés & des autorités décifives ; il eft entr'autres un paffage de Paufanias, qui, fi l'on eut fu l'apprécier, eût dès longtems donné des idées plus juftes & des notions plus précifes. *Pythagore*, dit cet écrivain eftimable, fut fils de *Mnéfarque*, fils d'*Hippafe* ; Hippafe étoit un citoyen de Phliunte, qui s'oppofa à l'invafion de *Regnidas Héraclide*, fils de *Phalcès*, fils de *Téménus* : or, *Téménus* étoit frère d'*Ariftodème*, premier Roi Héraclide de Sparte. Il réfulte de ces rapports une confrontation généalogique au Roi de Sparte, qui nous conduit à des tems très-connus.

---

(1) *Ciceron Orat. pro Flacco.* V. Marsham , p. 424.

(2) Il eft encore un témoignage en notre faveur. Les marbres d'Oxford reconnoiffent Homère pour être contemporain de Phidon , tyran d'Argos. Or il eft certain que Phidon exiftoit à la huitième Olympiade (242 du Temple), dont il troubla la célébration chez les Eléens. Si les calculs des marbres placent ces deux perfonnages à la fin du premier fiècle du Temple, c'eft par un abus du fyftème des générations, & par une mauvaife acception des 400 ans d'Hérodote.

(3) V. *Diodor. inpræfat. Varron. Africanus apud Eufeb. præ. Evangel.* p. 487. Le fyftème des générations ne paroît avoir eu ici beaucoup d'influence ; j'imagine qu'on a rejetté, à cette période, l'excès accumulé des générations poftéricures. Peut-être encore a-t-on fait erreur de la *génération* au *fiècle* : du moins il eft fingulier de trouver dans notre fyftème quatre générations de la guerre de Troye aux Olympiades ; & cette équivoque fe retrouve dans les quinze *générations* du Cycle caniculaire.

Ariſtodème.   Téménus.
| |
Proclès.   Phalcès.
| |
Soüs.   Regnidas.   Hippaſe.
| | |
Eurypon . . . . Euphron.
|
Prytanis . . . . Mnéſarque
|
Ennomus . . . . Pythagore.
|
Lycurgue.

Par ce tableau, l'on voit que Pythagore pré-céda d'une génération le Légiſlateur Lycurgue. Or, ce dernier ayant fleuri dans le commence-ment du troiſième ſiècle, le Philoſophe appar-tient à la fin du ſecond.

Voilà véritablement l'époque de Pythagore, auſſi convient elle parfaitement à l'idée que les meilleurs auteurs anciens ſe ſont toujours fait de ſon antiquité ; elle venge ceux qui ont aſſuré que Numa fut Pythagoricien, puiſque ce Prince n'a pu régner avant l'an 278. L'on n'eût jamais dû aller contre cette tradition, puiſqu'il eſt démontré que Numa, dans la réforme de l'année, employa des idées tout à fait pytha-goriciennes (1).

(1) V. l'Aſtron. anc. de M. Bailly. p. 198. C'eſt encore une preuve du pythagoriciſme de Numa

Un autre fait auſſi notoire vient à l'appui de la même vérité. On convient que Phérécide fut le maître de Pythagore ; ce Phérécide, qui avoit puiſé des connoiſſances *extraordinaires*, diſent les Grecs, dans les *livres des Phéniciens*, etablit dans l'iſle de Syros ou Syra, ſa patrie, un gnomon, qui marquoit les diviſions de l'année par tropiques & par équinoxes ; cette pièce très-neuve dans ces cantons ignorans, fit beaucoup de ſenſation, & devint célèbre dans tout l'Ar-chipel ; or, il eſt prouvé qu'Homère en a parlé. *Au-delà d'Ortygie*, fait-il dire à Circé, *eſt une iſle appellée Syra, où la main d'un mortel a tracé les routes du Soleil* (2) D'ailleurs, on trouve dans Homère des idées toutes pythagoriciennes, telles que le ſyſtème des neuf *Muſes ou des neuf ſphères*, & de la *chaîne d'or qui pend des cieux en terre*, emblême de la liaiſon qu'ont toutes les parties de l'univers (3). Que peut-on demander de plus conſéquent que **tous ces faits** ?

que l'épithète d'*intonſus* que lui donnent les auteurs : l'uſage de ne ſe jamais paſſer le raſoir ſur la tête, qui faiſoit partie de la conſécration des Nazaréens, fut apporté de l'Orient par Pythagore.

(2) *Ortygiam ſuprà inſula quadam Syra vocatur ub. ſolis tropici.* Odyſſée, Lib. 15. V. Phaleg. mot *phéricidesi*

(3) V. Macrobe, Som. Scip. p. 19. *recto* Edit. de 1472. Tout le ſyſtème des Muſes y eſt très-bien expliqué. J'a-jouterai que le Phénicien *Muzéh Zone, Sphere*, eſt le *Muſé* même des Grecs.

CHAPITRE IV.

Des Egyptiens.

Nos moyens d'inftruction fur les *temps égyp tiens*, fe réduifent à trois fragmens principaux : je dis *nos moyens;* car on ne prendra pas pour des connoiffances réelles des liftes de rois tron- quées, prefque ftériles, & dont les difcordan ces ont jufqu'ici laiffé dans une incertitude égale à l'ignorance abfolue. Ce font ces difcordances qu'il s'agit de difcuter : c'eft de ces contradic- tions qu'il faut tirer une vérité identique ; car fi les faits n'ont qu'une manière d'être, ils ne doivent avoir qu'une manière de fe préfenter : les variétés ne font que des accidens qui appar tiennent à des caufes étrangères ; c'eft-à-dire, dans le cas préfent, aux mains par lefquelles le fonds a paffé. Pour juger de la valeur des mo- numens qui nous font parvenus, il n'eft pas inutile de prendre une idée des écrivains qui nous les ont tranfmis.

La plus ancienne lifte que nous ayons des rois égy tiens, eft d'Hérodote d'Halicarnaffe, qui, peu d'années après le paffage de Xercès, parcourut l'Afie pour s'inftruire de l'hiftoire des différens peuples. Il tira fes inftructions à Baby- lone des prêtres de *Bel;* à Memphis de ceux de *Vulcain;* & les prêtres étoient alors exclufi- vement la partie favante des nations. Ainfi, l'on doit regarder fon hiftoire moins comme un ouvrage qui lui foit propre, que comme un extrait des connoiffances des favans indigènes, écrit en quelque forte fous leur dictée. Avec ce caractère original. il n'eft point furprenant qu'il fe trouve être aujourd'hui l'écrivain de toute l'antiquité. dont le plan d'hiftoire & de chro- nologie offre le plus bel exemple (1).

Le fecond fragment eft de Manéthon, prêtre égyptien, qui écrivit deux fiècles après Héro- dote, fous Prolemée Philadelphe. Mais il a paffé par les mains d'*Africain* & d'*Eufebe*, com- pilateurs des premiers fiècles du chriftianifme ; & il y a fubi des alterations confidérables : il fut encore retouché par le *Syncelle* où il fe trouve aujourd'hui.

Le troifième fragment eft de Diodore de Si- cile ; mais comme Diodore fut le copifte d'A- pollodore (2), qui lui même avoit calqué Era- tofthènes, c'eft à ce dernier qu'il faut rapporter le fyftème du premier : or, comme Eratofthè- nes n'écrivit que fous Ptolemée Evergètes, fils de Ptolemée Philadelphe, on ne doit le regar- der lui même que comme copifte de Manéthon.

A cela, il faut joindre cinq ou fix paffages des livres hébreux, qui font note de quelques rois à des dates certaines, & ces petits fragmens nous feront du plus grand fecours.

Je ne parle point d'une lifte de rois de The- bes, confervée par Eratofthènes, parce que Thèbes fut un royaume particulier & diftinct de ceux dont nous allons traiter, & que d'ail- leurs cette lifte n'offre aucun rapport avec les autres.

Pour ne point nous égarer dans le labyrinthe de la chronologie égyptienne, il faut y entrer par une porte connue, & remontant du mo- derne à l'ancien, ne pas faire un pas qui ne foit foutenu d'un précédent.

Ce fut dans le commencement de fon règne que Cambyfe, fils & fucceffeur de Cyrus, ré- duifit en province des Perfes l'Egypte, jufqu'a- lors indépendante. Hérodote, qui nous apprend ce fait (3), a oublié de fpécifier l'année ; mais fon récit indique la première ou la feconde, c'eft-à-dire, l'an du Temple 464 ou 65. Dans fes calculs, Diodore place cet événement à l'an 3 de la 60ᵉ. Olympiade (4), ce qui revient à

---

(1) Beaucoup d'anciens ont décrié Hérodote, & les modernes, qui font leurs échos, répètent leurs fatyres fans l'avoir lu. On fe plait fur-tout à citer le mot de Cicéron, qui l'appelle le père de l'hiftoire & *des fables* : mais ce jugement prouve que celui qui le porta, & que ceux qui l'admettent, n'ont aucune idée du génie de l'antiquité.

(2) Marsham, p. 314.

(3) Hérod. Lib. 3. p. 195.

(4) Diod. lib. I. p. 79, Edit. de Weffeling.

l'an 457. Cela fait une erreur de huit ans. Ne semble-t-il pas qu'elle soit due à l'équivoque des deux Anolympiades dont nous avons parlé (1) : en les restituant on forme un synchronisme qui fixe la conquête de l'Egypte à l'an 465. Amasis venoit de mourir; Psammétik son fils fut détrôné au bout de six mois. Nous partirons de cette date pour mettre en ordre les années des rois qui précédèrent. Leurs règnes & leur succession étant hors d'incertitude jusqu'à Psammétik, nous allons d'abord en donner le tableau.

Après le Temple.

			de	à
Psammétik régna	54 ans.		319	372
Nechos	17		373	389
Psammis	6		390	395
Apriès	25		396	420
Amasis	44		421	464
Psammétik, 6 mois				} 465
Cambyse conquiert l'Egypte				}

Je suis ici le tableau d'Hérodote (2), sans correction, parce qu'il est le seul qui satisfasse à une indication certaine des livres hébreux : ils attestent que l'an 384, (3) *Nekos*, roi d'Egypte, battit à Mageddo les troupes de Josias, qui périt même des suites de la bataille : par la distribution d'Hérodote, cette année se trouve en effet embrassée dans le règne de Nekos, ce qui ne se rencontre ni dans Diodore ni dans Manéthon. Hérodote a même connu le trait d'histoire rapporté par le livre des rois, avec cette particularité qu'il appelle les Hébreux *Syriens*; & ce n'est point la seule fois qu'il leur donne ce nom; car il le répète dans un autre endroit, au sujet de la circoncision (4), & il appelle la Palestine *Syrie* (5).

Son Apriès est le *Pharaon Haphrá* des Hébreux chez qui ils se réfugièrent après la ruine de Jérusalem, en 406. Au dessus de Psammétik, Hérodote ne marque plus régulièrement les règnes, & là commencent les incertitudes & les discussions. Avant de nous engager dans ce cahos, posons quelques termes qui puissent servir à nous reconnoître & à nous guider.

L'an 281, les Hébreux font mention d'un Tarakah, roi de *Kous*, c'est-à-dire du royaume de *Thèbes*, qui combattit contre Sennacherib. *Reg. II. c. 19. v. 9.*

Vers l'an 270, il est parlé d'un *Souah*, roi d'Egypte, vers qui envoya Osée, roi de Samarie. *Ibid. c. 17. v. 4.*

Du temps d'Aza, mais à une date incertaine, parut un *Zarèh*, roi de Thèbes, qui livra une grande bataille aux troupes de Juda. *Paral. II. c. 14. v. 9.*

Enfin, l'an 41, *Sefak*, roi d'Egypte, vint piller Jérusalem, & enleva tous les trésors de David & de Salomon. *Reg. I. c. 14. v. 25.*

Tels sont les points qu'il s'agit de reconnoître dans les listes des Grecs. Examinons d'abord celle d'Hérodote : après avoir traité d'une manière sommaire & vague le temps de la haute antiquité, cet écrivain entre en matière par *Mœris*, & ne commence qu'à lui la succession des rois comme il suit.

(1) § de l'ère des Olympiades.
(2) Lib. II. p. 181. & suiv.
(3) Reg. II. c. 23. v. 29.
(4) Lib. II. p. 150.
(5) Lib. I. p. 53.

TABLEAU DE COMPARAISON

Des temps de divers Peuples à des époques principales & certaines.

Bactriens.	Assyriens.	Egyptiens.	Tyriens.	Hébreux — Royaume de Juda.	Hébreux — Royaume d'Israël.	Années avant le Temple.
				Arrivée d'Abraham en Palestine		615
				Sortie d'Egypte		420
				Moyse gouverne ...20.		400
				Temps d'anarchie ...215.		
				Tyrannie des Philistins ...40.		125
				Samuel ...21.		85
				Saül ...20.		64
	Ninus.		Abibal ...	David ...40.		44
Zoroastres, Gustap, Roi. Fin du royaume des Bactriens.	Arius subjugue les Bactriens.		Hiram, règne 34 ans.			12
				Salomon ...40.		4
				Royaume de Juda.	*Royaume d'Israël.*	**Après le Temple.**
			Baléazar ...17.			24
		Séfostris - Sefak pille Jérusalem l'an 41 ...		Roboam, règne 17 ans.	Jérobcham, r. 21 ans	37
			Abd-Astarte ...9.			41
			N ...32.			50
				Abia ...3.		54
				Asa ...40.		57
					Nadab ...1.	58
					Bâza ...24.	59
						62
						74
			Astarte ...12.		Ila ...1.	82
			Astérime ...9.		Amri ...13.	83
Guerre de Troye.	Teutamus ...	Protée ...	Phélès, 8 mois ...?			83
			Ithobal ...32.			84
					Achab ...22.	94
				Josaphat ...25.		97
			Badezor ...6.		Okosias ...2.	116
					oram ...12.	118
			Matgen ...9.	Joram ...7.		122
				Ochosias ...1.		129
				Athalie ...6.	Jehu ...28.	130
			Pygmalion ...47.			131
			Fondation de Carthage par Didon ...	Joas ...39.		136
						144
Phérécides.					Joakaz ...16.	158
					Johaz ...15.	174
Pythagore.				Amasias ...30.		175
					Jeroboam II ...41.	189
Première Olympiade.				Ozias ...47.		205
Iphitus, Lycurgue, Hésiode, Homère.						215
						222
Fondation de Rome par Romulus, l'an 240.	Nabon - Asar - Phal, règne 14 ans.				Zakarie, 6 mois ...	231
					Manahem ...11.	232
					Phacée I ...2.	244
			Lydiens.		Phacée II ...19.	246
	Mardok - Empad - Teglat-Phal-Asar, 12.			Joatham ...6.		247
						248
				Achaz ...15.		253
			Gygès, règne 38 ans.			262
					Osée ...9.	265
	Apronadius - Salman-Asar ...6.			Ezéchias ...29.		268
		Sabacus ...				270
					Salman-Azar détruit le royaume de Samarie.	273
Numa ...	Sennacherib - Mérodak ...					278
		Sethon & Taracus ...				281

Après le Temple.	Juda.	Assyriens.		Lydiens.	Egyptiens.
282		Afar-Adon-Phoul-Sardanapal, règne 20 ans.			
297	Manassès, règne 55.				
300				Ardys, règne 49 ans.	
301		*Destruction de l'Empire Assyrien par les Babyloniens & les Mèdes.*			
		Babyloniens.	Mèdes.		
301		Merodak-Belesis, 20.	Arbaces, Anarchie, Deiokes, } ....37.		
319					Psammetik, regne 54 ans.
322		Chynil-Adan....37.			
338			Phraortes.......22.		
349				Sadyates........12.	
352	Amon..........2.				
354	Josias.........31.				
359		Nabopolasar....29.			
360			Kyaxares........40.		
361				Alyattes........57.	
368			Eclipse de Thalès.		
373					Nécos..........17.
385	{ Joakas, 3 mois. Joakim, 10 ½. }				
388		Nabukodonosor...43.			
390					*Psammis*........6.
394		Siège de Tyr.			
395	Jechonias, 3 min. & est emmené à Babylone.				
496	Sedecias.......11.				Haphera........25.
397			Kyaxares prend Ninive.		
400			Astyagès........35.		
406	Ruine de Jérusalem & de l'ancienne Tyr.				
Années solaires.					
418				Crésus..........20.	
421					Amasis.........44.
431	Aouil-Mérodak....2.				
433	Nerigliffor........4.		Empire Perse.		
435			Cyrus, règne 29 ans.		
437	Laborosarchod, 9 mois			Prise de Sardes & de Crésus.	
438	Nabonide......17.				
455	Prise de Babylone par Cyrus.				
464			Cambyse, 7 ans 5 mois.		
465					Psammenit, 6 mois.
471	Smerdis-le-Mage, règne 7 mois.				
472	Darius I......36 ans.				
473	Fin des 70 ans de Jérémie.				
483					Rois chassés de Rome.
503	Bataille de Marathon.				
508	Xercès, première année.				
512	Passage de Xercès en Grèce.				
989	Ere chrétienne.				

Mœris. Temps omis.

Séfoſtris . . . . o . . . . conquit l'Ethiopie, l'Aſie, la Scithie, la Thrace, équippa le premier une flotte ſur la Mer-Rouge, & ſoumit les habitans des côtes, inſtitua une police, fit faire des grands chemins, des canaux, &c. . . . . . . « Il en fit pratiquer un entre autres qui joignoit le Nil à la Mer-Rouge, ſelon Strabon, lib. 17, qui ajoute qu'il vécut avant la guerre de Troye.

Son fils Phéron . . . . 12 ans connus.

Protée . . . . o . . . . De ſon temps Pâris & Ménélas abordent en Egypte.

Rhampſinit. . . . . o

Chéops 50

Cephrène. 56

Myceryne. 6

Aſychis . . . . o

Anyſis . . . . o

Chaſſé par Saba-Kus l'Ethiopien qui régna cinquante ans.

Anyſis revient. . . . . o

Séthon, prêtre de Vulcain . . . . o . . . . combattit contre Sennacherib, roi des Arabes.

Douze rois . . . . o

dont Pſammitik fut d'abord l'un, puis régna ſeul, &c. *Voyez ci-devant.*

Ce tableau dans ſon enſemble ſe rapproche infiniment du ſyſtême des Hébreux, & l'on y découvre pluſieurs rapports marqués.

La date de *Séthon* nous devient connue par celle de Sennacherib, qui faiſoit la guerre l'an 281. Il eſt remarquable que les Égyptiens racontoient la déroute de ce prince d'une manière tout auſſi miraculeuſe que les Hébreux ; car ils diſoient que Séthon ayant été au-devant de l'Aſſyrien, Vulcain envoya une multitude effroyable de rats qui rongèrent toutes les cordes des arcs de l'ennemi ; en ſorte que ſe trouvant hors d'état de combattre, les troupes de Sennachérib prirent la fuite. . . . . Le *Tarakah*, dont les Hébreux parlent à la même date, n'eſt point le même prince.

Dans l'ordre des faits, *Saba-Kus l'Ethiopien* répond à *Soua* : bien plus, le nom eſt le même, car *Saba* eſt écrit pour *Sava* ou *Seve-Kus*, comme porte Manéthon, & la déſinence *Kus* ſemble être le *Kous* des Hébreux, ce qui voudroit dire *Soua* le *Thébain*. Or, le royaume de Thèbes ayant été appellé par les anciens Grecs, *Ethiopie*, & *Soua* ayant régné ſur la baſſe Egypte par droit de conquête, on voit ici une homonymie parfaite entre Hérodote & les Hébreux.

Les 50 ans de *Sabakus* nous conduiroient juſ-

ques vers l'an 220 : mais cette durée ſouffre de grandes difficultés. *Anyſis*, dont le règne eut une ſi grande lacune, n'a pu régner que fort peu de temps.

Les temps connus des quatre rois antérieurs, en nous donnant 112 ans, nous conduiſent au commencement du ſecond ſiècle : mais comme ils ont auſſi des temps inconnus, ils peuvent remonter juſques dans le premier ; alors ſe préſente Protée, & ne voilà-t-il pas que la guerre de Troye, en tombant ſous ſon règne, ſe retrouve ſur la fin du premier ſiècle où nous l'avons placée ?

Enfin, un règne au-delà, s'offre Séfoſtris. Si Protée a régné vers l'an 80 ou 90, Phéron ſon prédéceſſeur peut être placé vers l'an 60 : alors Séfoſtris ne demande t il pas naturellement à être reconnu pour le *Seſak* des Hébreux ?

Cette opinion n'eſt pas nouvelle. Joſephe (1) avoit dès long-temps fait cette application ; & l'autorité de cet écrivain eſt d'un grand poids ici, parce qu'il avoit à la main des chroniques égyptiennes. Parmi les modernes, Marsham &

---

(1) Antiq. Jud. lib. 8. c. 10.

Newton ont soutenu cette thèse ; mais te le a été jusqu'à ce jour l'incertitude des connoissances, que l'on n'a point su reconnoître la vérité qui se présentoit. Les Petau, les Pezron, une foule d'érudits de cette trempe, ont protesté, entassé des argumens, ont tant cité de passages grecs & latins, tant écrit, tant commenté, que la multitude a pris le poids de leurs *in folio* pour celui des raisons, & l'on craindroit aujourd'hui de ressusciter des opinions vieillies.

Le grand argument de ces compilateurs est celui-ci.

« De l'aveu de toute l'antiquité, de Stra-
» bon, de Diodore, d'Hérodote, &c. *Sésostris*
» est antérieur à la guerre de Troye : or, la
» guerre de Troye est antérieure de deux siècles
au Temple ».

Oui, dans le cahos de vos Grecs, dans le désordre de votre système ; mais dans l'ordre véritable, elle tombe à la fin du premier siècle, & toutes les autorités se tournent pour moi (1).

Mais, disent-ils encore, Sésostris conquit la Thrace, la Scythie, l'Asie entière, la Colchide, l'Inde, &c. Or, dans le siècle de David, on ne trouve rien de semblable.... Il est vrai ; mais dans les siècles précédens en trouve t-on plus de preuves ? Où ces preuves sont elles solides & satisfaisantes ? Examinons les.

Hérodote, c'est-à-dire les prêtres égyptiens ses auteurs, nous apprennent que Sésostris laissa dans les pays qu'il conquit des monumens, sur lesquels il fit graver des emblêmes hiéroglyphiques relatifs à sa victoire (2). Cet historien atteste en avoir vu dans la *Palestine Syrienne*, revêtus de ces caractères d'authenticité : cela doit être, parce qu'en effet Sésostris conquit tout le royaume de Jérusalem sur Roboam.

Hérodote ajoute qu'il en avoit encore vu deux dans l'Ionie, qu'il *imaginoit* appartenir également au conquérant égyptien ; mais ceci ne peut être. Il suffit, pour s'en convaincre, de peser ses paroles. « Sur ces colonnes, dit-il,
» est sculpté un homme tenant dans ses mains
» un arc & une flèche. Au-dessus est une ins-
» cription en lettres égyptiennes, que l'on ex-
» plique, *j'ai conquis (ou possédé) cette terre*
» *par mes épaules.* Cependant il faut convenir
» que cela n'indique point de qui est ce monu-
» ment, ni qui il représente ; aussi plusieurs per-
» sonnes qui l'ont examiné, prétendent que
» c'est une statue de *Memnon*. »

Et ceux-là avoient raison : car ce Memnon, ainsi que celui de Thèbes, n'étoit qu'un emblême du soleil. L'arc & la flèche qu'il porte ici sont les attributs d'Apollon, autre symbole du même astre. L'inscription elle même y est relative ; car le mot *épaule* en égyptien est équivoque avec *orient*, *lever*, & ces mots *j'ai conquis cette terre par mes épaules,* qui ne signifient rien, sont susceptibles de ce sens, *c'est moi qui me levant chaque jour, domine sur ce pays.* Ainsi, ce monument ne prouve point que Sésostris ait pénétré dans l'Asie Mineure.

Sa conquête de la Colchide est tout aussi fabuleuse. Hérodote convient lui-même qu'il est le premier qui ait *conjecturé* sur certaines affinités que les Colches étoient d'origine égyptienne (3) ; & comme on faisoit courir le monde à Sésostris, on lui attribua la fondation de cette colonie ; mais ce n'étoit qu'une conjecture sans preuves ; & si par la suite les an-

---

(1) Il est un passage d'Hérodote qui pourroit sembler contradictoire, mais qui entendu dans son vrai sens, est tout-à-fait analogue. Il dit que de Mœris a lui (Hérodote), il ne s'étoit pas encore écoulé 900 ans. (1) Ici Hérodote compte encore par le système des générations, & il ne le pouvoit par d'autre moyen, puisque ses calculs certains ne remontent pas au-delà de Psammétik. Par ce calcul, Mœris se trouve antérieur de 100 ans à la guerre de Troye, qu'il dit ailleurs l'avoir précédé de 800 ans. Or la guerre de Troye étant arrivée l'an 100, Mœris est placé dans les premières années de Salomon, & cela s'accorde avec le tems que nous assignons à son successeur *Sesak-Sésostris.* Dans les Rois antérieurs Hérodote donne des exemples manifestes de cette manière de réduire les générations en années, que je retrouve dans la décomposition de plusieurs de ses calculs. Voy. lib. II. p: 173.

---

(1) 900 ans à trois générations par siècle égalent 27 générations, qui, réduites par 25 ans, donnent 675 ans. Hérodote a écrit vers l'an 550.

---

(2) Quos generosos (populos) reperisset, apud ipsos genitalia virilia insculpsit ; muliebria verò apud imbelles.

(3) 1°. *Parce que les Colches étoient circoncis, & que, de l'aveu de tous les peuples, même des Syriens de la Palestine (les Hébreux), la circoncision est originaire d'Egypte.* 2°. *Parce que les Colches étoient noirs & crépus comme les Egyptiens ;* c'est-à-dire, que les Egyptiens étoient de vrais Nègres. Ceci résout de reste le problême, *si les Nègres sont propres aux sciences ?*

ciens en ont fait une affertion, c'eft par un abus contre lequel il faut protefter.

Enfin il eft impoffible de prouver que Séfof-tris ait paffé les frontières de la Paleftine, & les conquêtes qu'on lui attribue au Nord font imaginaires, comme celles d'Ofyris, à qui il fut comparé, & avec lequel on l'a peut être confondu. Il n'en eft pas de même de celles du Midi ; il eft très-certain qu'il conquit l'Ethiopie & l'*Inde* ; mais il faut entendre le vrai fens de ces mots.

L'Ethiopie proprement dite des anciens Grecs étoit le Royaume de Thèbes, qui comprenoit ce qu'on a depuis appellé l'Egypte fupérieure ; ce royaume, très-diftinct, étoit, au tems de *Séfoftris*, puiffant & floriffant. Il avoit fes Rois particuliers plus anciens que ceux du Delta, & ce pays femble réclamer ce que l'Egypte a de plus ancien. *Séfoftris, roi de Memphis, & peut-être de tout le cours inférieur du fleuve, porta la guerre contre les Thébains, les fubjugua, & recula les bornes de fon empire jufqu'à Syenne. Il pouffa encore plus loin, car ayant fait conf-truire des vaiffeaux longs, il s'embarqua fur la Mer-Rouge (fans doute à Bérénice), & rangeant les côtes, il foumit les Ichtiophages & les Tro-glodytes, jufqu'à ce qu'il trouva une mer dont les bas fonds l'arrétèrent* ; c'eft-à-dire, qu'il pénétra dans la Nubie : or, par cette raifon, on dut dire qu'il alla dans l'*Inde*, parce que chez les anciens orientaux, le nom d'*Inde* fut générique à tout pays fitué fous le *zodiaque* ; auffi trouve-t-on chez les Grecs la Nubie, défignée fous ce nom (1). C'eft par la même raifon que la Chro-nique d'Eusèbe fait mention d'une émigration d'Indiens en Egypte. On a voulu l'interpréter des Indiens du Gange ; mais ce furent véritable-ment des Indiens du haut Nil. C'étoit encore par une fuite de cet équivoque, que dans les derniers fiècles l'Europe ignorante appelloit *Inde* l'Abyffinie, en y plaçant l'empire du *Prêtre Jean* (2).

Voilà quelles furent les conquêtes réelles de Séfoftris, & fi l'on pèfe bien un paffage des Pa-ralipomènes (3), on verra que tous ces caractères fe retrouvent dans *Sefak* ; car fon armée, outre les Egyptiens propres ou *Metzarim*, étoit com-pofée de *Kouffim* ou *Thébains*, de *Tfiim* ou *mangeurs de poiffons* : en grec (ichtiophages) & de *Soukiim* ou *habitans des cavernes* (Tro-glodytes), dont le nom s'eft confervé jufqu'à ce jour dans *Suakem* ; & ceci femble donner la borne de la navigation de Séfoftris, car il règne dans ces parages des bas fonds comme ceux dont parlent les hiftoriens (4).

Qu'on ajoute à ces conquêtes celles de quel-ques cantons philiftins, & de tout le royaume de Juda, le pillage de Jérufalem où Séfoftris trouva les tréfors immenfes que les rapines de David & le commerce de Salomon avoient entaffés pendant 70 ans, on fentira qu'un règne auffi brillant, que des faits auffi nouveaux dûrent faire la plus grande fenfation chez les Egyp-tiens, qui, jufqu'alors, n'avoient rien vu de femblable, & qui, dans leurs eloges hyperbo-liques, dûrent comparer Séfoftris à *Ofyris, au foleil, roi du monde, & conquérant univerfel.*

Pourquoi donc & par quel calcul fe trouve-t-il dans Eratofthènes & Manethon placé dans des fiècles plus reculés ? C'eft ce que nous allons rechercher. Il faut d'abord jetter un coup-d'œil fur la lifte de Manethon ; je ne la tranfcris pas toute entière, mais je me borne aux parties né-ceffaires à mon fujet. Le lecteur doit prendre la peine de la parcourir, afin de fuivre les raifon-nemens dont elle va fervir de bafe.

---

blable qu'ils ont eu lieu pour la Thrace, la Scythie, &c. Il eft du moins certain que dans l'Egypte ancienne on trouve un pays de *Lyd*, qu'on a pris pour la *Lydie* d'Afie : un pays de *Phul*, qui a fait confufion avec la Pam *Phulie*. Nous verrons un pareil équivoque donner dans des tems plus modernes une abfurdité, en faifant paffer un Nabukodonofor en Efpagne contre toute vraifemblance : & n'eût-on que cette règle-là, elle eft toujours bonne à confulter.

(3) Lib. II. c. 12. v. 2.

(4) V. Danville, carte de la Mer Rouge.

---

(1) Marsham, p. 320 en cite plufieurs exemples.

(2) Ces équivoques doivent rendre très-circonfpect dans les interprétations de Géographie. Il eft vraifem-

DYNASTIES des Rois Egyptiens, tirées de Manéthon, & disposées en ordre par Africain. (*Ad mentem* Africani.)

DYNASTIE I.............8 Rois, dont le premier est placé à Thanis, & le second à Memphis.

DYN. II. 9 *Rois Thanites.*

        ✕
        ✕
        ✕

   8 *Sesoch-* ris haut de cinq coudées, large de trois, règne..........48 ans.

   9 Cencherès..........30

DYN. III. 9 *Rois Memphites.*

   1 Necheropes..........28 De son temps les Lybiens se révoltèrent contre les Egyptiens.

        ✕
        ✕

DYN. IV. 8 *Rois Memphites.*

   1 Soris..............29
   2 *Suphis*............63 fit construire la pyramide qu'Hérodote attribue à Cheops.
   3 Suphis............66

        ✕
        ✕
        ✕

Première liste.

DYN. V. 9 *Rois d'Eléphantine.*

DYN. VI. 6 *Rois Memphites.*

DYN. VII. 70 *Rois Memphites qui régnèrent* 70 *jours.*

DYN. VIII. 27 *Rois Memphites.*

DYN. IX. 19 *Rois d'Héraclée.*

DYN. X. 19 *Rois d'Héraclée.*

DYN. XI. 16 *Rois de Thèbes.*

        ✕
        ✕
        ✕

   16 Ammanemès...........16 ans.

Fin du premier volume de Manéthon.

DYN. XII. *Rois de Thèbes.* [6]

   1 Sesonchoris, fils d'Ammanemès............46
   2 Ammanemès.........38
   3 Séfoltris............48. Il conquit en neuf ans l'Asie, la Thrace, la Scythie, la Colchide, & fut placé par les Egyptiens au premier rang après Osyris. Or il étoit *haut de quatre coudées,* trois palmes, deux doigts.

        ✕
        ✕

Deuxième liste.

DYN. XIII. 60 *Rois de Thèbes.*

Deuxieme liste
DYN. XV. 6 *Rois pasteurs Phéniciens.*
DYN. XVI. 32 *Rois pasteurs Grecs.*
DYN. XVII. 43 *autres Rois pasteurs.*
DYN. XVIII. Rois de Thèbes. [16]

1 Amosis, sous lequel Africain place Moyse.
×
×
×

DYN. XIX. 6 *Rois de Thèbes.*

Troisième liste.

1 Sethos.
×
×
6 Thuoris. Du temps duquel fut prise la ville de Troye.

DYN. XX. 12 *Rois de Thèbes.*
DYN. XXI. 7 *Rois de Thèbes.*
DYN. XXII. 9 *Rois de Bubaste.*

1 *Sesonchis.*
2 Osoroth.
×
×

DYN. XXIII. 4 *Rois de Tanis.*

1 Petubastes, (sous lequel Africain place la première Olympiade.)

DYN. XXIV. ......

Bonchoris de Saïs.

DYN. XXV. 3 *Rois Ethiopiens.*

Quatrieme liste

1 *Sabbaco* ....8 ans.
2 Son fils Sevechus 14
3 *Tarcus* 18

DYN. XXVI. 9 *Rois.*

×
×
×
4 Psammitik ....54 ans.
5 Nechao 6
6 Psammuthis 6
7 Vaphris 19
8 Amasis 44
9 Psammachérites , 6 mois.

Cambyses réduit l'Egypte en province.

Telle eſt cette chronique tant vantée, & que l'on préfère aujourd'hui au ſyſtême des anciens prêtres de Vulcain ou d'Hérodote leur interprête.

On obſervera avant tout qu'Africain & Euſebe, tous deux copiſtes de Manéthon, ont des différences énormes, continuelles, ſur la ſucceſſion, le nombre des rois, ſur leurs années, ſur l'ordre des dynaſties, &c.; & ces contradictions ne préviennent pas en faveur de leur ouvrage, ni de celui qu'ils ont calqué. C'eſt donc à la XIIe dynaſtie que ſe trouve le Séſoſtris d'Hédote; & certes la file immenſe de rois qui ſuivent, détruit bien complettement ce que nous avancé, ſi elle eſt vraie : mais il faut prouver cette condition, & un examen critique ne lui eſt pas favorable.

Je reprends cette liſte dès ſon commencement.

A la IIe. dynaſtie ſe préſente un *Seſochris, haut de cinq coudées & large de trois.* Voilà une ſingulière circonſtance ! Mais il eſt bien ſingulier que ce ſoit preſque la même qui eſt ajoutée au Séſoſtris de la XIIe. Ne ſeroit-ce point le même prince ? Le temps de leur règne appuie cette idée. Tous deux règnent 48 ans : le titre de leur dynaſtie ne la détruit pas; car Séſoſtris ayant régné ſur Thèbes & ſur Tanis, peut être appellé Tanite & Thébain: mais la ſuite achève de confirmer cet apperçu.

Quarante ans après Séſochris, *les Lybiens ſe révoltent.* Or Séſoſtris fut le premier qui les ſoumit; il paroît même qu'on doit entendre ici les *Ethiopiens* de *Thèbes :* alors il ſe trouve que c'eſt en conſéquence de cet événement que *Zarhâ,* roi de ce pays, paroît en Paleſtine ſur la fin d'Aſa, après avoir ſecoué le joug, & même avoir fait ſans doute la conquête du royaume de Memphis.

Dans la dynaſtie ſuivante, on voit un roi dont Manéthon reconnoît l'identité avec le *Cheops* d'Hérodote.

Après cela, le prêtre égyptien ſe perd dans un cahos de rois de différens pays, tels qu'Héraclée. Eléphantine, Memphis, &c.

A la XIIe. dynaſtie, il rentre dans le ſentier qu'il a déjà parcouru, mais il ne s'y reconnoît point. Il nous donne pour rois de Thèbes les aïeux de Séſoſtris qui n'y régnèrent point, puiſqu'il n'y régna lui même que par droit de conquête. Bien plus, non content de *doubler* les liſtes, il double auſſi les noms; car *Seſoſtris* eſt certainement le même que *Seſoncho-ris,* ayant également un Ammanémès pour père : or, le nom de *Seſoncho-ris* eſt le même que *Seſock-ris,* dans lequel on reconnoit évidemment le *Sefak* des Hébreux, avec la finale *ris* ou *ras,* qui veut dire *roi.*

Le même prince reparoît à la XIXe dynaſtie; car *Sethos* eſt le nom ſous lequel Diodore a connu Séſoſtris, en y ajoutant la déſinence dialectique *is,* il a fait *Seſto-oſis:* auſſi la guerre de Troye ſe trouve-t-elle placée peu après ce *Séthos.*

Enfin notre aveugle le ramène encore à la XXIIe. dynaſtie, ſous le nom de *Seſonch-is* (toujours Sefac-is. Nous l'avons vu Thébain, Memphite, Tanite, le voici Bubaſtite. L'*Oẓoroth* qui le ſuit eſt le Zarhâ des Hebreux. Viennent enſuite comme dans Hérodote *Sabbaco & Sevechus,* qui ſemblent n'être qu'un; puis *Tarcus,* le *Tarakah* des Hébreux ſuit immédiatement. Enfin il termine par les autres rois qui nous ſont connus, mais tellement altérés, qu'il ne parle point des douze rois, & que Nechao ou Nechos ne règne que l'an 390, ſix ans après la bataille de Mageddo.

Voilà comme Manéthon défiguré par Africanus, ſe perd dans un cahos d'abſurdités. Errant dans le labyrinthe de ſes dynaſties, il va, il vient, il ſort, il rentre, il tourne ſans ſe reconnoître. Il joint bout à bout des liſtes qui ſont les mêmes, & de quatre il n'en fait qu'une. Il falloit avoir auſſi-peu de critique qu'Euſebe & le Syncelle, pour ne pas ſaiſir ces répétitions bien plus ſenſibles encore par les détails qu'ils avoient en main; mais ils étoient accoutumés à en dévorer bien d'autres; c'eſt ſur le même plan qu'eſt bâtie la liſte de Diodore (1), ou plutôt d'Eratoſthènes.

---

(1) Diodore, lib. I. pag. 68.

Seftoofis.........33 ans. conquit la Thrace, la Scythie, l'Afie, l'Inde, &c.

Son fils Seftoofis...o

Après lui une lacune immenfe de rois. (interpolés)

Amafis...........o vaincu par Aſtifanes l'Ethiopien.

Marus ou Mendès..o

Cinq générations en anarchie.

Protée..........o De fon temps la guerre de Troye.

Sept générations.

Chembès........o

Cephrène.......56

Mycerine.......9

Bocchoris.......o

Après plufieurs générations;

Sabacon l'Ethiopien.o

Interrègne.......2

XII Rois........15

Pfammitik.......o

Quatre générations après.

Apriès..........22

Amafis........55

Pfamménit, 6 mois, &c.

Ainfi que Manéthon, & fans doute fur fes traces, Diodore fe perd dans un dédale de dynafties apocryphes, quand il fuppofe *cette férie immenfe de rois ignorés.*

Son *Aſtifanes* paroît être *Sabacon.*

A *Marus* femble commencer une feconde lifte ; car le nom de ce roi répond au *Mœris* d'Hérodote, & Protée ne diffère que d'une génération de la place qu'il occupe chez cet écrivain.

Entre *Sabacon* & les douze rois, il y a une lacune manifefte, & les temps qui fuivent, quoique les plus faciles à connoître, font abfolument tronqués.

De telles erreurs furpendront fans doute (1):

mais il faut s'y accoutumer. Elles fe retrouvent dans prefque toutes les parties de la chronologie ancienne : nous verrons de pareils doublemens chez les Mèdes, les Babyloniens, les Aſſyriens (2) : c'eft eux qui, mafquant jufqu'ici les rapports des temps des nations, en ont fait manquer l'enfemble. Par un cas fingulier, il fe trouve qu'Hérodote a par-tout évité ce défaut, parce que, comme nous l'avons dit, fon ouvrage eft le réfumé des notions des favans indigènes. Les autres écrivains ont bien recueilli des monumens originaux & authentiques ; mais on s'eft trompé en regardant leurs chroniques comme des ouvrages digérés : ce ne font que des compi?ations où l'on a entaffé fans ordre des monumens de différentes mains, qui fouvent font les mêmes. Tel eft le recueil de Manéthon, où l'on trouve répétée jufqu'à quatre fois la même lifte, la même férie de princes.

Mais il eft encore en cette partie un motif particulier d'erreur auquel on n'a point fait affez d'attention. Jufqu'ici l'on a voulu prendre cette foule de dynafties pour des familles qui fe feroient fuccédées dans le gouvernement de l'Egypte, confidérée comme ne formant qu'un feul & même état. Cependant il eft inconteftable qu'elles ne font que des liftes de rois de différens états, qui régnèrent de front & dans des temps parallèles. Marsham, dans l'étude particulière qu'il avoit fait de cette hiftoire, avoit fenti cette vérité ; mais les érudits l'ont réjettée, parce qu'il n'y avoit pas de paffage grec ou latin qui le dît en termes formels. Cependant n'eft-il pas abfurde d'imaginer qu'une étendue de pays de plus de deux cents lieues de longueur, ait été de tout temps réunie fous un même prince ? N'eft-ce pas aller contre toutes les règles de la nature ? N'eft-il pas dans les loix de cette nature, que tout pays foit d'abord habité par des fauvages chaffeurs & pêcheurs ? Dans cet état l'homme vit ifolé, parce

____

qui n'a pas entendu l'égyptien, comme il eft clair par un paffage. Il dit dans fa lifte des rois de Thèbes, qu'Apappus le Grand vécut cent ans moins une *heure* ; il a pris cette *heure* pour la vingt-quatrième partie du jour ; mais il eût dû favoir que jadis les Egyptiens appelloient *horæ* les faifons, & qu'ils comptoient par faifons avant de compter par années.

(2) Ils exiftent dans les premiers Rois d'Athènes, où l'on compte deux Cécrops, deux Pandion, deux Ereſthée.

que confommant pour fa fubfiftance le produit
d'une grande étendue, il forme un défert au-
tour de lui. Vient enfuite à pas lents l'agricul-
ture. Alors la nourriture raffemblée dans un
petit efpace permet aux individus de fe rappro
cher; l'état focial commence : mais dans cette
enfance de la fociété, les réunions ne fe font
que peu à peu. Il y a d'abord autant de peuples
que de familles, autant d'états que de hameaux. Bientôt furvient l'état de guerre. Une
peuplade envahit la propriété d'une autre, &
fe l'incorpore comme efclave ou comme alliée.
La maffe des fociétés fe furcompofe de jour en
jour. Par la réun'on fucceffive des hameaux
aux hameaux, des cantons aux cantons, on voit
fe former les provinces; par la réunion des provinces, les royaumes; par la réunion des royaumes, les empires : tous les pays offrent des
exemples de cette gradation. Voyez la Paleftine : au temps de Jofué, on y trouve plus de
cent rois dans un efpace de moins de 30 lieues
quarrées. Quatre cents ans après, on n'y compte
plus que trois royaumes, qui bientôt fe con-
fondent en une feule maffe fous les rois affyriens, perfes & grecs. Au temps de la guerre
de Troye, la Grèce eût pu dénombrer deux
cents royaumes ou républiques : au temps de
Xercès, le nombre en étoit réduit à une ving-
taine. Sous les Romains, ce ne fut plus qu'un
feul état; il en fut de même de l'Italie, de
l'Afie Mineure, de tout pays; & telle eft la
néceffité de cette divifion primitive, de cette
aggrégation progreffive, que par-tout où l'on
voit de grands états, on en doit conclure cette
marche préparatoire à leur formation : & fi
l'on veut y réfléchir, on verra que l'hiftoire de
la compofition graduelle des états eft écrite
dans leurs divifions géographiques-politiques.
En effet, analyfez ces grands corps que l'on
appelle empires, vous y verrez d'abord une
divifion principale en royaumes; puis la divifion de chaque royaume en provinces, & encore la fubdivifion des provinces en diftricts :
& toutes ces divifions font les veftiges d'un état
primitif & originel. Prenons pour exemple l'Efpagne : ce qui ne forme aujourd'hui qu'un feul
royaume, étoit jadis divifé en plufieurs, tels
que Caftille, Valence, Arragon, Léon, Na-
varre, Afturies, Grenade, Murcie, Cordoue,
&c. Si l'on paffe aux fubdivifions de ces royaumes, on y retrouvera la trace des états de cinq
ou fix cents peuples, que Pline y dénombroit

il y a feize fiècles. Maintenant que l'on fuppofe
que tous les monumens viennent à fe perdre,
qu'un nouvel *Omar* brûle tous les livres, qu'ar-
rivera-t-il ? La poftérité perdant toute idée des
détails, ne connoîtra l'Efpagne que fous fon
état le plus récent, fous celui d'aggrégation qui
n'en fait qu'un feul empire. Qu'on lui préfente
des liftes ftériles de rois d'Arragon, Valence,
Caftille, elle pourra imaginer que ces dynafties
ne font que des familles différentes, ou que les
capitales de ces royaumes ont tour-à-tour été
le fiége de l'empire du continent entier. Voilà
précifément ce qui eft arrivé pour l'Egypte.
Depuis Pfammétik, n'ayant plus formé qu'une
monarchie, les hiftoriens qui vinrent après ce
temps, accoutumés à la regarder comme un
tout homogène, s'imaginèrent qu'elle avoit
toujours ainfi fubfifté. Ce fut par cette raifon
qu'en recueillant les monumens des différentes
villes, on n'en fit qu'un feul corps : comme
l'hiftoire n'étoit bien connue que depuis Séfoftris, ce prince fervit de ralliement; & voilà
pourquoi les diverfes liftes commencent toutes
par lui.

Appliquant à l'Egypte les principes énoncés,
je retrouve fon hiftoire dans fa divifion géographique. Les 53 nômes ou provinces qui la compofoient fous les rois grecs, me repréfentent
autant d'états originairement indépendans ; &
remarquant que les dynafties portent les noms
de la plupart de ces nômes, je les regarde
comme des fragmens de liftes de leurs rois. A
cette divifion en fuccéda une autre plus fimple.
Ces petits royaumes s'étant fucceffivement en-
gloutis les uns les autres, il s'en forma trois
plus confidérables, repréfentés dans la Thé-
baïde, l'Heptanôme & le Delta : enfin les
caufes d'aggrégation perfiftant toujours, un de
ces états envahit les autres; ce fut Séfoftris qui
le premier opéra cette réunion; mais elle ne
fubfifta pas. Ce *Zarhâ*, qui paroît en Paleftine
au temps d'Afa, indique que Thèbes avoit re-
couvré fon indépendance, & peut-être à fon
tour impofé fon joug à Memphis. Nous igno-
rons les détails de ces révolutions, parce que
tous les monumens font perdus : mais il femble
que la domination des Ethiopiens ne dura
point, puifque Sabbacus revint au troifième
fiècle reconquérir l'Egypte. Si Taracus qui lui
fuccéda régna dans le Delta, on y doit compter alors deux rois, puifque Séthon vivoit à la
même

même époque ; & s'il n'y régna point, il est prouvé que Manéthon a fait ce que nous avons dit, un recueil indigeste de listes de Rois de divers royaumes. Nahum en nomme un entre au'res, qu'on doit rapporter à ces temps ; car ce prophète parle de *Na amoun* (1), comme d'une ville capitale, comparable à *Ninive*, qu'il menace d'être détruite, comme venoit de l'être la première : or, *Na-amoun* n'est ni Alexandrie, comme le prétend Saint-Jérôme, ni Thèbes, comme l'a cru Bochart, mais *Pach na amounis*, capitale d'un nôme du Delta. Enfin, dans le commencement du quatrième siècle du Temple, l'Egypte se forma en un seul corps d'Empire, sous l'aristocratie des douze rois. Depuis cette époque, la série de ses temps étant connue, nous sommes dispensés d'en parler.

CHAPITRE V.

Des Perses.

DEPUIS que les Perses eurent conquis l'Asie, leur nom s'étendit comme leur domination, & devint en quelque sorte générique & commun à tous leurs sujets. Mais dans l'origine, les Perses étoient un corps de nation distinct, divisé en *tribus*, dont Hérodote nomme jusqu'à dix (2). Ces peuples, partie pâtres, partie laboureurs, étoient répandus dans le pays qui fut appellé de leur nom la *Perse*, proprement dite, ayant pour limites au Nord la chaîne des monts Elyméens, à l'Orient, les déserts de la Carmanie, au Midi & à l'Ouest le Tigre & le golfe persique.

L'histoire des Perses, ainsi que de la plûpart des peuples, n'est point connue dans la haute antiquité. Dans des siècles moins reculés, les discordances des Ecrivains laissent douter s'ils furent soumis aux Assyriens ; car, d'un côté, Ctesias les compte dans le dénombrement de cet empire (3)..... D'autre part, Hérodote assure qu'ils ne furent jamais subjugués avant Phraortes (4), second Roi des Mèdes. Ce qu'il y a de certain, c'est qu'ils furent assujettis à ces derniers, à l'aggrandissement desquels ils contribuèrent beaucoup.

Tel étoit l'état des Perses depuis environ quatre-vingt ans, quand Cyrus parut, & d'un peuple conquis & sujet, entreprit de faire un peuple conquérant & dominateur.

Cyrus, en s'élevant, trouva l'Asie inférieure partagée presqu'entièrement entre trois grandes puissances ; 1°. les Mèdes, qui régnoient du fleuve Halys à la Bactriane ; 2°. les Lydiens, qui avoient envahi la majeure partie de la presqu'île (*Asia Minor*) ; 3°. enfin les Babyloniens, qui occupoient depuis le Tigre jusqu'à la Méditerranée. Par une révolution rapide, toute cette vaste étendue de pays fut réduite en un seul & même domaine ; & Cyrus, dans un règne de vingt-neuf ou trente ans, non seulement conquit l'un après l'autre, les Etats nommés, mais y ajouta encore des peuples, qui, jusqu'alors avoient défendu leur liberté, & conservé leur indépendance.

Pour classer les différens événemens de l'histoire de Cyrus, il faut partir d'une époque principale & connue, & à ce titre se présente la prise de Babylone. Selon le canon de Ptolomée, Cyrus fit la conquête de cette ville neuf ans avant sa mort, par conséquent dans la vingt-unième année de son règne : or cette année étant déterminée dans notre canon par la succession des Rois Babyloniens la quatre cent cinquante-cinquième du Temple, il est facile de ranger les autres dates.

Nous assignerons donc à l'an quatre cent

---

(1) Nahum. c. 3. v. 8. il a dû écrire vers 300 & 310.

(2) Hérod. lib. p. 61.

(3) Ctesias apud Diodor. sicul. lib. II.

(4) Hérod. ib. p. 52.

trente-cinq la révolte & l'indépendance des Perses, l'origine de leur empire, & la première année du règne de Cyrus, conftaté par fa victoire fur les Mèdes, & par la prife d'Aftyages leur dernier Roi.

Peu de tems après, il fubjugua les Lydiens; & nous allons voir dans leur article les raifons qui nous font affigner la prife de Sardes leur capitale à l'an quatre cent trente-fept. Après avoir mis ordre aux affaires de l'Afie mineure, Cyrus retourna dans la Perfe. Il y fut occupé pendant plufieurs à dompter les Mèdes, qui s'étoient révoltés, à conquérir la Bactriane, & à faire les préparatifs de fon expédition contre Babylone. Il partit enfin vers l'an quatre cent cinquante-trois pour en former le fiège, qui dura deux ans.

Les Ecrivains varient beaucoup fur les circonftances de la vie de ce prince ; mais nous verrons qu'ils s'accordent très-bien fur la chronologie des faits, qui dans ce moment eft le feul objet de nos recherches.

Depuis cette époque, l'Afie occidentale ne forma plus qu'une feule & même puiffance, dont les tems poftérieurs font connus ; mais la durée antérieure des Etats particuliers qui vinrent fe fondre en une feule maffe ne l'étant pas, c'eft à fon éclairciffement que font deftinés les Chapitres fuivans.

CHAPITRE VI.

Des Lydiens.

Quand Cyrus réduisit la Lydie en province de l'Empire Perse, ce pays formoit un Etat indépendant, dont l'origine paroît remonter aux tems voisins de la guerre de Troye. Mais l'histoire & la durée des princes qui le gouvernèrent n'ont de suite & de certitude que depuis ceux-ci.

(1) Gygès.......régna..... 38 ans.

     Ardys............... 49

     Sadyattes........... 12

     Alyattes............ 57

     Crœsus pris par Cyrus........ *omis.*

En omettant de nous donner la durée du règne de Crœsus, Hérodote a failli de nous faire manquer le nœud de jonction de la chronologie Lydienne à notre canon; mais on peut, par différentes combinaisons, réparer cette lacune.

« Il y avoit déjà deux ans, dit notre auteur, que Crœsus pleuroit la mort d'un fils qu'il aimoit tendrement, quand la défaite d'Astyages, par Cyrus, & l'accroissement trop rapide de la puissance des Perses vinrent le retirer de sa léthargie...... Dès-lors la guerre fut résolue, & il en hâta les préparatifs de toutes parts..... (Selon la coutume de ces siècles superstitieux) il envoya consulter tous les oracles, & particulièrement celui de Delphes; il fit en même-tems solliciter différens peuples de la Grèce, & entr'autres les Athéniens, de se liguer avec lui...... Or Pisistrate gouvernoit alors la ville d'Athènes.

Cet exposé insinue que ce fut vers l'an quatre cent trente-cinq que Crœsus songea à faire la guerre aux Perses, puisque ce fut en conséquence de la destruction de l'empire des Mèdes, arrivée l'année précédente. On pourroit donc, par de simples conjectures, assigner l'ouverture de cette guerre à l'an quatre cent trente-six, & la prise de Crœsus, arrivée dans le courant de la seconde campagne, à l'an quatre cent trente-sept. La confrontation des tems de la Grèce va constater précisément les mêmes dates.

Chacun sait que Pisistrate s'empara à trois reprises du Gouvernement d'Athènes : chassé deux fois, il se maintint à la troisième, & transmit son autorité à ses enfans. Les Ecrivains n'ont pas spécifié la durée des deux premières tyrannies, ni de l'intervalle qui les sépara; mais ce n'est pas de ces détails que nous avons besoin.

Selon Plutarque, (2) & selon les marbres d'Oxford, Pisistrate fit sa première tentative sous l'archontat de Comias, l'an quatre de la cinquante-quatrième olympiade; cette date revient à l'an quatre cent trente du temple.

Six ans après, disent les marbres, *Crœsus envoye consulter l'oracle de Delphes* : or ce fut dans le même tems qu'il envoya à Athènes; Pisistrate y régnoit alors, ce ne pouvoit être que pour la seconde fois, parce que la première fut de très-peu de durée. Cette assertion se trouve confirmée par le récit d'Hérodote. Lib. I. p. 29.

« Les Pisistratides, dit cet historien, furent » chassés (3) d'Athènes vingt ans avant la ba- » taille de Marathon, & ils avoient gouvernés

---

(1) Hérod. lib. I. p. 8 & suiv.

(2) In vitâ Solonis.

(3) C'est par une erreur manifeste que les marbres d'Oxford font deux expulsions, l'une des *Pisistratides*, & l'autre d'*Hippias*, fils de Pisistrate; il suffit de lire Hérodote & Thucidides, pour se convaincre que ce n'est qu'un même événement.

« trente-six ans. . . . . Or la bataille de Marathon fut donnée l'an cinq cent trois, cinq ans avant la mort de Darius (1) ; donc ce gouvernement des Pisistratides avoit commencé l'an quatre cent quarante-sept ; & ceci nous donne l'époque de la troisième tyrannie de Pisistrate, comme il est clair par cet autre passage « Après sa seconde expulsion, Pisis- » trate resta onze années banni de la ville ; » mais à la onzième il revint en forces & se rétablit ; or ce rétablissement s'étant fait en quatre cent quarante-sept, la seconde expulsion tombe en quatre cent trente-six : donc il est évident que l'ambassade de Crœsus arriva sous la seconde tyrannie de Pisistrate, dans l'une des deux années 435 ou 436.

La suite des faits veut que Crœsus ait été pris deux ans après ; nous supposerons quatre cent trente-sept, & il en résulte un nouvel accord avec Xénophon (2), qui assure que

Crœsus ne fut vaincu qu'après la mort d'un Roi assyrien, que nous trouvons être Néréglissor, dont le règne finit effectivement en quatre cent trente-six.

Eusèbe prétend que Crœsus régna quinze ans ; mais l'autorité de ce compilateur ne mérite point de l'emporter sur l'exigence d'un fait historique. La guerre d'Alyattes avec Kyaxares, Roi des Mèdes, veut que le Roi Lydien ait commencé de régner au plus tard l'an trois cent soixante-un : or son règne ayant duré cinquante-sept ans , jusqu'en 418 , il en résulte nécessairement vingt pour Crœsus, qui n'a pu passer 437 , & c'est sur cette évaluation que je dispose le rapport des règnes aux années du temple.

	Règnes.	Années du Temple.
Gygès........	38 depuis	362 jusqu'à 399.
Ardys........	49........	300........348.
Sadyattes.....	12........	349........360.
Alyattes.......	57........	361........417.
Crœsus........	20........	418........437.

---

(1) Hérodote. Lib. V. *Voy.* la Chronologie d'Hérodote dressée à la fin de son histoire. p. 30.

(2) Xénophon Cyropédie, in-fol. p. 176.

CHAPITRE VII.

De l'origine des Empires Mède & Babylonien.

Dans des tems anciens, mais bien moins reculés qu'on ne pense, quelques peuplades situées à l'orient du Tigre, se réunirent en un même corps de Nation, & formèrent ce qu'on appella proprement les *Assyriens*. Leur pays paroît avoir été compris dans l'enceinte des montagnes qui enveloppent les deux *Zab* (1), & les autres moindres rivières dont ils reçoivent les eaux. Leur ville capitale fut ce que nous appellons *Ninive*, *Ninos* chez les Grecs, & *Ninoué* chez les Hébreux. Voilà proprement la nation & la contrée que les anciens orientaux désignent sous le nom d'*Aschour* (2), & à qui il faut appliquer spécialement l'*Assouria* & *Athouria* des Géographes occidentaux. Mais les *Assyriens* ayant par la suite envahi une grande partie de l'Asie, il arriva ce qui est toujours arrivé en pareil cas ; le nom du peuple dominateur s'étendit comme son empire, & devint générique & commun à tous ses sujets (3). Ce fut en cette qualité & par cette raison que les Babyloniens s'appellèrent *Assyriens*. Bien plus, le nom de *Syriens* sous lequel les Grecs ont connu les *Araméens* des Asiatiques, n'a pas une autre origine, & n'en est qu'une altération. C'est ce qu'Hérodote atteste positivement..... *Ceux que les Barbares appellent Assyriens, les Grecs les nomment Syriens* (4).

Dans ces siècles reculés, l'Asie étoit partagée en une multitude de peuples & d'Etats, qui divisés d'intérêts, avoient un fonds général & commun de mœurs, de langues, de religion, de caractère. Quand il s'éleva une nation prédominante, les autres furent assujetties ; mais rarement perdoient-elles leur police intérieure, leurs usages civils & religieux ; souvent même elles conservoient leurs Rois : il suffisoit au vainqueur de retirer des tributs & des troupes pour ses expéditions ; c'étoit une sorte de féodalité dont l'Indostan offroit en ces derniers tems une image assez fidèle. Le peuple conquérant étoit un suzerain ; les peuples conquis étoient des vassaux ; le Roi du peuple dominateur commandoit à des Rois ; & de là le titre orgueilleux *de Roi des Rois*.

Tel fut l'état de l'empire assyrien sous une assez longue série de princes despotes ; mais enfin l'abus de la puissance ayant eu ses conséquences naturelles, le peuple dominateur se corrompit, s'énerva ; & les peuples serfs, réunis par une conspiration générale, renversèrent le trône de Ninive, & brisèrent le sceptre des Assyriens.

Deux nations furent les principaux agens de cette révolution ; 1°. les *Mèdes*, nom générique sous lequel étoient comprises diverses tribus (5), situées au nord-est des Assyriens ; 2°. les Babyloniens, autre ligue de peuples situées sur le cours inférieur de l'Euphrate. Arbaces Satrape de Médie, & Bélésys, prêtre Kaldéen de Babylone, furent les chefs de la révolte, & devinrent les premiers princes des deux nouveaux empires qui se formèrent des débris de l'ancien.

Le témoignage des historiens ne varie point sur ces faits : ils s'accordent encore à reconnoître Sardanapale (6) pour le prince Ninivite ; sous qui arriva cet événement ; mais quand il a fallu le classer dans l'ordre des tems, les écrivains se sont perdus dans un cahos de contradictions & d'erreurs qu'il étoit cependant bien aisé d'éclaircir.

Le Sardana-pal-os des Grecs n'est pas autre

---

(1) *Voy*. les cartes de Danville, Asie anc. & mod.

(2) Prononcez *sch* comme *ch* dans charme.

(3) C'est ainsi que l'on appella Romains tous les peuples d'Italie, & Francs tous ceux des Gaules, &c.

(4) Hérod. lib. VII. p. 539. Aussi Strabon appelle-t-il *Syriens* les peuples & les Rois de Ninive & de Babylone. Strab. Geogr. lib. XV. Et par un inverse Macrobe appelle Assyriens les *Araméens* d'Héliopolis. *Saturn. p.* 73. & 79. *in-fol.* 1472.

(5) Hérodote en nomme six ; mais il est probable qu'il y en eût un plus grand nombre. Lib. I. p. 52.

(6) Hérod. lib. II. p. 177. Et Ctesias apud Diodor. lib. II.

que le Roi de Ninive, connu sous le nom d'A-
far-Adon, fils de Sennachérib. Les preuves en
font nombreuses.

1°. Le nom même, Afar Adon étoit de la
famille de *Phoul* ou *Phal*, Roi d'Affyrie, qui le
premier, vers l'an deux cent trente trois, fit
connoître & redouter en deçà de l'Euphrates,
les armes de cet empire (1). Suivant une coutume orientale, les defcendans de ce prince portèrent fon nom ; on le retrouve dans *Teglat-
Phal-Afar*. Afar-Adon l'ajouta en définence,
& fut appellé *Afar-Adonphal* ; pour peu qu'on
foit verfé dans la connoiffance des langues, on
fait que le *ph* des orientaux a fans ceffe été rendu
par *p* chez les occidentaux ; mais fi le *ph* des
Affyriens fut le *p* dur ou afpiré des Arméniens,
comme j'ai lieu de le croire, la confufion dans
le cas préfent fut inévitable & les Grecs dûrent
prononcer *aSAR -aDANaPAL os*.

2°. Pas un feul des livres hébreux dont la
compofition foit antérieure à *Afar Adon* ne
parle de *Mèdes* ni de *Babyloniens*. C'eft toujours
des *Affyriens* de *Ninive* qu'il eft fait mention, encore n'eft-ce que depuis que *Phal* eût
paffé l'Euphrates. Après lui, *Teglat-Phal Afar*,
Salman-Afar, *Sennacherib*, fils (2) de *Salmanazar*, *Afar-Adon*, fils (3) de Sennacherib, fe
fuccèdent fans lacune probable dans un efpace
de foixante-dix ans, & fans laiffer entrevoir la
plus légère indication de révolution. Mais depuis ce dernier, on ne parle plus des Affyriens
de Ninive, & l'on voit après un affez long filence, les Nabukodonofor Rois particuliers de
Babylone, développer tout à coup une puiffance dont il n'avoit point encore été queftion.

Plufieurs années après l'avénement d'Afar-
Adon, Tobie, qui habitoit parmi les Mèdes,
& qui voyoit de près les caufes préparer les
effets, difoit : *la ruine de Ninive eft proche*.
(Tobie, c. 14, v. 6.)

Dans le même tems paroît à Jérufalem une
députation venant de *Babylone*, pour féliciter
Ezékias fur fa convalefcence, & lui offrir des
préfens & une lettre de la part de *Mérodak-
Baladan*. Quel motif peut on fuppofer à cette

(1) Il impofa entr'autres un tribut à Manahem, Roi
de Samarie. Reg. II. c. 15. v, 19.

(2) Tob c. 1. v, 18.

(3) Id. ibid. v, 24. Reg. II. c. 19. v. 37.

démarche, finon un intérêt fecret, comme de
demander des fecours pour quelqu'entreprife ?
Sous ce point de vue, ceci a un rapport marqué avec ce que Ctéfias rapporte de Béléfys ;
1°. le nom eft le même ; car *Belefys* & *Baladan*
ne différent que de Dialecte ; 2°. Ctéfias dit que
Belefys ayant formé avec Arbaces le plan de
leur révolte, *envoya des députés en Arabie pour
faire part de fes deffeins au Roi, qui étoit fon
ami & fon hôte* (4) Or fi l'on obferve que la pofition geographique des Hébreux convient infiniment ; que dans les anciens hiftoriens on les
trouve toujours confondus avec les nations
voifines plus connues (5), on ne pourra douter

(4) Belefys, miffis in Arabiam nuntiis, terræ princi-
pem cui cum neceffitudo ipfi & jus hofpitii intercedebat
participem confiliorum fecit. *Ctefias apud. Diodor.
lib. II. p.* 138.

(5) C'eft ainfi qu'Hérodote les appellent *Syriens*,
dans trois paffages que nous avons cités (chap. IV).
Mais ce qui eft plus remarquable, & qui paroît avoir
été moins remarqué, c'eft eux qu'il défigne en deux
autres endroits, qu'il faut rapporter tels qu'ils font :
1° lorfqu'au début de fon hiftoire il dit :

« Les plus favans des Perfes affurent que les premiers
» auteurs des guerres furent les *Phéniciens*, qui ayant
» jadis émigré des bords de la mer *Rouge*, vinrent s'é-
» tablir fur la Méditerranée, dans le pays qu'ils ha-
» bitent encore. Ils s'adonnèrent auffi-tôt à la navi-
» gation, & fe formèrent en peu de tems un com-
» merce immenfe. Ce fut à ce titre qu'ils abordèrent
» en Grèce, où régnoit alors Inachus, &c. Lib. I. p. 1.
Et Hérodote continue de s'expliquer au feptième
livre c. 89, quand faifant l'énumération des peuples
& des troupes qui compofoient l'armée navale de
Xercès il dit :

« Les Phéniciens, conjointement avec les Syriens
» qui habitent la *Paleftine*, fournirent trois cents Tri-
» rèmes . . . . . Or ces Phéniciens, comme ils le ra-
» content eux-mêmes, habitèrent jadis fur la mer
» Rouge, d'où ils vinrent enfuite s'établir fur la côte
» maritime de *Syrie* ; or ce canton de la Syrie, &
» tout ce qui s'étend vers l'Egypte, s'appelle *Pa-
» leftine*. »

Il eft inconcevable qu'on ait prefqu'à ce jour mé-
connu dans ces paffages les Hébreux & leur émigration au tems de Moyfe : Eft-ce parce qu'Hérodote
les appelle Phéniciens ? Mais les Hébreux n'en avoient-
ils pas la langue, les mœurs, les ufages, en un mot
tous les caractères ? N'étoient-ils pas une nation phénicienne comme les Etoliens une nation *grecque*, comme
les Albains un peuple *Latin*. Eft-ce parce qu'on en
fait des navigateurs ? Mais n'eft-il pas évident qu'Hérodote ou les Perfes, fes auteurs, ayant envifagé toutes
les hordes phéniciennes comme un peuple de la même
efpèce, ont attribué aux Hébreux un fait propre aux
Kananéens ? La relation d'ailleurs eft exacte, en ce
que l'entrée des Hébreux en Paleftine fut pour la plupart des habitans le fignal d'une émigration fubite,
qui fait une des grandes époques de l'hiftoire d'Occident. D'ailleurs, cette défignation fpéciale de la Paleftine, comme pays de ces Phéniciens, exclut tout
équivoque. Enfin que l'on examine le plan général de

que Ctéfias ne les ait ici défignés fous le nom d'*Arabes*, & que l'ambaffade de *Belefys* & *Baladan* ne foit le même fait. Nous prouverons ailleurs la convenance exacte des tems. Toutes les autres circonftances font analogues ; ces lettres, ces préfens, cette félicitation fur la convalefcence, font des marques d'amitié ; auffi Ezékias donne-t-il aux envoyés de fon ami un témoignage de fa confiance, en leur faifant voir tous fes tréfors. Enfin la réflexion d'Ifaïe à ce fujet quadre avec notre fentiment. *Un jour*, dit-il, *un jour vient que tout cet or, toutes ces richeffes feront tranfportées à Babylone*. Or ce preffentiment, Ifaïe le dût à la connoiffance qu'il avoit de l'état des affaires qui lui préfentoit Babylone prête à devenir indépendante, & fiége d'un empire nouveau. (*Ifaïe*, c. 39.)

La ruine de l'empire affyrien arriva donc fur la fin du règne d'Ezékias ; auffi Jofephe qui avoit fous les yeux Berofe, le meilleur hiftorien de l'Afie, y avoit-il apperçu l'enfemble que je rétablis ; car après avoir parlé de la fuite de Sennachérib, de la maladie d'Ezékias, & de la députation des Babyloniens, il ajoute : *vers ce tems arriva la fubverfion de l'Empire affyrien par les Mèdes* (1). Et plus bas il dit : *La dernière année de Jofias* (384)*, Nechao, Roi d'Egypte, porta la gùerre vers l'Euphrates contre les Babyloniens & les Mèdes, qui avoient détruit l'empire affyrien* (2).

Enfin Moyfe de Chorène, qui a compofé une hiftoire d'Arménie fur des monumens d'origine kaldéenne, & de la plus haute antiquité, dit clairement la même chofe : *Quand Sennacherim fut tué par fes enfans, Scæordius régnoit en Arménie : or Parerus, fils & fucceffeur immédiat de Scæordius, entra dans la ligue d'Arbaces contre Sardanapale* (3).

Tout prouve donc *qu'Afaradon* eft réellement le Sardanapale des Grecs, ainfi que l'a penfé Newton. Il a reçu encore d'autres noms qui n'ont fervi qu'à le faire méconnoître. C'eft le *Tonos Concoleros* des chroniques grecques : les Paralipomènes l'appellent *Afar Hádon*, afpiration qui a donné lieu à l'*Afara Koddas* de Jofephe, c'eft encore lui qu'Alexandre Polyhiftor appelle *Sarak* dans un fragment rapporté par le Syncelle (4) : & ceci explique un paffage d'Ifaïe (5), où il eft dit, que *Sarag-on, Roi d'Affyrie, envoya une armée contre Azot, fous la conduite de Tartan*. Or ce Tartan eft le même Général qui vint de la part de Sennachérib, fommer Ezékias de fe rendre (6).

L'époque de Sardanapale ne fera pas déformais difficile à déterminer. Sennachérib ayant fui de Judée l'an quatorze d'Ezékias (deux cent quatre-vingt un du Temple), il fut affafliné à Ninive quarante-cinq jours après, & Sardanapale, le plus jeune de fes enfans, lui fuccéda (7).

On peut donc affigner fon avènement à l'an deux cent quatre-vingt deux. Les hiftoriens varient fur la durée de fon règne ; j'adopte les vingt années que lui donnent les liftes grecques ; & nous verrons qu'Hérodote a dit énigmatiquement la même chofe ; c'eft donc à l'an trois cent un qu'il faut rapporter la prife de Ninive, & à l'an trois cent deux l'origine des empires Mède & Babylonien.

---

l'hiftoire d'Hérodote, tout y eft analogue à notre acception. Immédiatement après cet événement vient *Inachus*, & dans les traditions grecques, rapportées par Appion, Polémon, (1) & le prêtre Egyptien Ptolomée, *Inachus*, eft placé vingt générations avant la guerre de Troye. Or, dans les calculs des Hébreux, je trouve 500 ans entre Moyfe & cette guerre ; & 500 ans font jufte vingt générations de 25 ans. Après *Inachus*, Hérodote place un intervalle indéfini, puis l'expédition des Argonautes & la guerre de Troye chez les Grecs : un peu au-deffus, chez les Egyptiens, c'eft Séfoftris : chez les Affyriens l'origine de leur empire ; en un mot, c'eft le même plan que je rétablis & qui fait ma confiance, parce que comme je le dirai plus bas, Hérodote eft le feul hiftorien ancien qui ait fait un extrait digéré de la Chronologie. La feule différence entre fon plan & le mien confifte dans les proportions qui font plus grandes chez lui, plus rapprochées chez moi. Mais cette différence dérive de la nature des chofes : n'ayant pas de terme fixe ni de mefure certaine des tems, les anciens les ont diftendus par leur eftimation vague & vicieufe des générations. Il en eft, pour ainfi dire, des faits en hiftoire comme des objets en phyfique, quand les uns & les autres prennent un trop grand éloignement, alors il n'eft plus poffible à l'œil d'affigner leur diftance exacte, parce qu'il n'y a plus de terme de comparaifon ; & les erreurs deviennent faciles & immenfes comme l'efpace des lieux & des tems où le jugement s'élance. L'expérience même femble atteffer que dans ces cas l'erreur eft toujours en excès. Nous en avons un exemple frappant dans la Géographie des anciens, dans laquelle à mefure que l'on a mieux connu les gifemens, il a fallu rapprocher les pofitions.

---

(1) *Inachus.* V. Eufeb. Evan. p. 87.

---

(1) Ant. jud. Lib. X. c. 2.
(2) Ibid. c. 5. Ce Nechao eft le Nechos d'Hérodote.
(3) Mofes charenenfis. Hift. Armenica. p. 55. & 60.
(4) Syncelle. p. 150.
(5) Reg. II. c. 18. v. 17.
(6) Ifaïe. c. 20. v. 1.
(7) Reg. II. c. 19. v. 37. & Ifaïe. c. 37. v. 38. & Tob. c. 1. v. 24.

CHAPITRE VIII.

Des Mèdes.

PAR ces rapprochemens, la durée de l'empire Mède se trouve resserrée entre les années 302 & 434 inclusivement : cette dernière ayant été l'époque de la prise d'Astyages par Cyrus, comme je le prouverai. Examinons présentement si le témoignage des historiens y est conforme.

Deux auteurs principaux ont partagé dans leurs contradictions la foule de leurs copistes. Le premier est Hérodote, qui recueillit quelques années après le passage de Xercès ce que les savans de l'Asie connoissoient de plus clair dans l'antiquité. Le second est Ctésias de Cnide, qui, moins d'un siècle après lui, prétendit avoir trouvé dans les monumens originaux même des faits très contraires aux assertions de son prédécesseur. L'analyse de leurs récits fera voir lequel s'est le plus rapproché de la vérité.

Hérodote a donné, sans s'en appercevoir, deux calculs des temps des Mèdes, assez différens. 1°. Dans la liste de leurs Rois, il évalue d'abord leur durée à 150 ans, comme il suit :

(1) Dëiokès régna . . . . 53 ans.
Phraortes 22
Kyaxares 40
Astyages 35
——————
Total 150

2°. Il dit ailleurs (2), la durée de l'empire des Mèdes fut de cent vingt-huit ans, non compris vingt huit que des Scythes venus de la Sarmatie dominèrent dans l'Asie : or, 128 & 28 font 156. Pourquoi cette différence de six ans ? Mais en outre il se présente une objection raisonnable contre le règne de Dëiokès. Selon le récit d'Hérodote, ce fut une réputation répandue de justice & de probité, qui, dans des temps d'anarchie, engagea quelques tribus Mèdes à lui déférer une puissance absolue. Or, une telle réputation suppose-t elle moins de quarante ans ? Et cet âge souffre-t-il naturellement une addition d'un règne de cinquante-trois ? Pourquoi d'ailleurs Hérodote parle-t-il si confusément de la révolution qui renversa Ninive, & de ces années d'anarchie qui la suivirent (3) ? Tout semble indiquer que cet écrivain n'a pas bien connu le détail de ces temps.

J'ai dit que l'indépendance des Mèdes, & par conséquent leur empire, commença l'an trois cent deux, & finit l'an quatre cent trente-quatre ; sa durée fut donc de cent trente-trois ans. Pourquoi ce nombre se rapproche-t-il tellement des 128 d'Hérodote ? Pourquoi & d'où ces 128 ? Pour faire concorder ses calculs, il auroit dû dire 122 plus les 28 des Scythes égalent les 150 des Rois. Ne semble-t-il pas qu'Hérodote ait voulu dire que la durée de l'empire Mède fût en total 128 ans ? Il n'y auroit de différence avec nos calculs que cinq ans, & il est singulier que c'est presque la même qui se trouve entre les 150 & 156 qu'il compte. De tels rapports, à travers des différences, décèlent toujours une sorte d'identité. Je pense donc que les 28 années des Scythes ont fait confusion dans l'esprit d'Hé-

---

(1) Herod. lib. I. p. 52.
(2) Ibid. p. 65.

(3) Cùm enim Assyrii 520 annis superiorem Asiam obtinuissent, primi ab ipsis, Medi defecerunt.......
Post quos & aliæ nationes..... Itaque per continentem gentes omnes propriis legibus vixerunt...... Medis igitur vicos habitantibus bella & tumultus aderant......
Vir quidam nomine Dëiokes ad Tyrannidem aspirans, ita se gessit ostentatione probitatis & justitiæ ut ipsum eligerent...... Porro Dëiokes Medicam gentem in unam contraxit......, Herod. lib. I. p. 49-51.

rodote

rodote ou de ses auteurs. Elles avoient été prises sur le regne de Kyaxares, comme il nous en avertit lui-même dans un autre endroit (1); mais on en fit un double emploi. En les retirant, il restera pour les Rois 122 ans : les onze ans restans jusqu'à 133, représenteront le temps qui s'écoula depuis la ruine de Ninive jusqu'à l'election de Deïokès, qui supportera toute la soustraction, & sera réduit à 25 ans. J'estime également qu'il y a faute dans le second calcul ; & au lieu d'y lire *non compris*, il faut corriger *y compris*.

Si Hérodote a failli dans cette occasion, Ctésias va nous fournir des erreurs encore plus saillantes. Selon lui, neuf Rois, depuis Arbaces, régnèrent sur les Mèdes dans un espace de trois cent dix-sept ans. Voici sa liste telle qu'il la donne en Diodore, lib. II. p. 146-47.

{ Arbaces...................28 ans.
{ Man-daukès.................50
{ Sofarmus..................30
{ Artykas...................50
{ Arbianes..................22
{ Artæus....................40
{ Artynes...................22
{ Astibaras.................40
Aspadas ou Astyïgas (Astyages)...35

Un examen attentif de cette liste y fait découvrir un ordre singulier de ressemblances qui sautent de deux en deux. Rendons-le plus sensible en la divisant.

Arbaces........	28	30......	Sofarmus.
Man-daukès....	50	50.......	Artykas.
Arbianes.......	22	22......	Artynes.
Artæus........	40	40......	Astibaras.

Est il donc bien vrai que ces listes soient différentes, que ces princes ne soient pas les mêmes ? Le hasard fit-il jamais des ressemblances aussi constantes ? Non sans doute. Ctésias s'est assurément ici laissé induire en erreur ; & il a doublé une même liste. Les noms à la vérité ne se ressemblent pas tous ; mais encore reconnoit-on dans son Man-daûkès le Deïokes d'Hérodote. Astibaras est le nom

qu'Eupolème (2) donne à un roi Mède au temps des guerres de Nabukodonosor II en Judée ; & c'est le temps de Kyaxarès. Artæus est un autre nom qui, en ancien perse, désignoit *un grand*, *un héros* (3) ; & il put être donné comme épithéte à Kyaxarès. Les notes que Ctésias ajoute à ses princes, sont encore des preuves de ce que j'avance.

« Man-daukès gouverna *justement & paisi-* » *blement* (comme Deïokès.)

» Du temps d'Artæus, les Cadusiens se » révoltèrent contre les Mèdes, & leur firent » une guerre cruelle.

» Du temps d'Astibaras, les Parthes se » révoltèrent contre les Mèdes, & appellè- » rent à leur secours les Sakes, (Scythes des » Grecs) ».

Mais les Cadusiens étoient un peuple Parthe ; c'est donc le même événement avec différentes circonstances, & les Scythes ou Sakes qui viennent du tems d'Astibaras, sont évidemment les mêmes qui parurent sous Kyaxares.

Il est donc certain que Ctésias a joint deux listes de noms, & par là a doublé les temps, sans avoir évité sur ce second article l'écueil d'Hérodote : & cette méprise mérite la plus grande attention, en ce qu'elle a pu être, disons mieux, en ce qu'elle a été répétée dans toute l'histoire de Ctésias ; nous en verrons ailleurs les preuves & les motifs vraisemblables. Reste une seule difficulté ; c'est le règne d'Arbaces dont les 28 ou 30 ans, supposé qu'ils soient vrais, ne peuvent précéder entièrement Deïokès. Je suis porté à croire, sur le récit d'Hérodote, que les diverses hordes Mèdes eurent pendant quelque temps des chefs divers, & qu'Arbaces régna sur quelques unes, ensorte qu'une partie de ses années fut parallèle aux premières de Deïokès, & que ce ne fut que dans un laps de temps plus ou moins considérable, que celui ci *rassembla*

---

(1) Cùm annos 40 regnasset Kyaxares, in quibus sunt & 28 Scytharum. Ibid.

(2) Apud Euseb. præpar. Evang. lib. IX. c. 39.

(3) Herod. lib. VI. p. 483.

les tribus Mèdes en un Jeul corps de nation (1)
Quoi qu'il en foit des détails, la néceffité des dates capitales exige l'ordre qui fuit.

Arbaces prend Ninive.... } 302
Anarchie.... } 36
Deïokès meurt 337
Phraortes......22 depuis 338 jufqu'à 359
Kyaxares (2)....40......360......399
Aftyages.......35.....400.......434
Cyrus règne fur les Medes......435

Dans l'ordre qu'Hérodote donne aux faits, le premier événement du règne de Kyaxares fut une guerre entre les Medes & les Lydiens alors gouvernés par Alyattes (3).

L'éclipfe totale du foleil, qui termina cette guerre à la fixième année, ne peut fe defcendre au-deffous de la fept ou huitième de Kyaxarès, parce qu'il faut trouver enfuite les vingt huit ans des Scythes, puis le temps du fiége & de la prife de Ninive. Les aftronomes fe font beaucoup exercé fur cette éclipfe. Coftard entr'autres, dont les calculs font eftimés, en a trouvé une à l'an 603 avant Jéfus-Chrift, qu'il a cru devoir prendre pour celle dont il s'agit (4); mais l'an fix cent trois avant Jéfus Chrift répondant à l'an trois cent quatre vingt fix du Temple, l'application ne peut convenir; elle me paroît plutôt être celle à l'occafion de laquelle Jérémie difoit aux Hé-

breux (5): « Pourquoi vous effrayez vous des » phénomènes céleftes? Pourquoi vous livrez-» vous aux terreurs fuperftitieufes des nations?

Mais fi l'on fait attention que les éclipfes reviennent à-peu près les mêmes au bout de la période de 18 ans, on trouvera qu'en remontant de l'an 386, il dut y en avoir une de la même efpèce l'an 368, ce qui remplit exactement l'exigence de l'hiftoire.

Dans nos calculs, l'irruption des Syrhes tombe vers l'an trois cent foixante neuf ou foixante-dix. Selon Hérodote, Pfammétik régnoit encore en Egypte, & notre tableau répond exactement à cette circonftance. Enfin Kyaxares ayant chaffé les Scythes vers l'an trois cent quatre-vingt feize, prit Ninive l'année fuivante.

Kyaxares eut pour fucceffeur Aftyages fon fils, qui, après trente cinq ans de règne, fut détrôné par Cyrus, ainfi que nous l'avons dit.

Ce point d'hiftoire eft préfenté d'une manière affez différente dans Xénophon. Cet écrivain, ou plutôt les Perfes dont il emprunta fon récit, introduifent après Aftyages un fecond Kyaxares fon fils, oncle & beau-père de Cyrus, auquel, par ce moyen, ils font paffer le royaume par le droit légitime de fucceffion. La plupart des modernes adoptent ce récit; & décrient beaucoup celui d'Hérodote: mais dans ce choix, c'eft bien moins l'amour de la vérité qui les guide, qu'un motif fecret de partialité. Ils préfèrent Xénophon, en ce que fon Kyaxares eft propre à repréfenter le Darius Mède de Daniel.

Mais le filence unanime de Ctéfias & d'Hérodote fur ce Kyaxares, dément Xénophon. Les bons critiques ont d'ailleurs fenti que la Cyropédie n'étoit en quelque forte qu'un roman moral, où, fur un fait hiftorique, vrai à quelques égards, on a brodé des circonftances imaginaires. On voit dans tout le cours de cet ouvrage le deffein manifefte de tracer le modèle d'un prince parfait; & l'on y donne

---

(1) Herod. lib. I. p. 49.

(2) Obfervez que cette époque de Kyaxarès remplit parfaitement l'indication d'un paffage de Strabon, qui dit, liv. 17, du temps de Pfammétik, roi d'Egypte, qui fut contemporain de Kyaxarès, roi des Mèdes, les Miléfiens abordèrent, &c.

(3) Lib. I. p. 52. Phraorti fucceffit filius Kyaxaris qui cum Alyatte bellum quinquennale geffit..... (p. 36) Sexto cujus (belli) anno cum ex utrâque parte acrius dimicaretur dies fubitò obfcurata eft...... Sicuti prædixerat Thales...... (p. 52) pace factâ & deindè omnibus ad Halyn conciliatis Kyaxares adverfus Ninum progreffus eft.... Jam verò Affyriis pugnâ fuperatis Ninum obfidenti ingens Scytharum exercitus ingruit...... Cum quibus ad Caucafum congreffi Medi in fugam verfi funt.... Porrò Scythæ rectà in Ægyptum tendunt. Ipfos verò jam Syriam, Paleftinam ingreffos, Pfammeticus occurens, donis irretivit.... Poftquam autem annis 28 Scythæ univerfâ Afiâ potiti effent, ipfos expulit Kiaxares & deinde Ninum expugnavit.

(4) Voyez Aftron. de la Lande, *in-4°*. Préface.

(5) Jérémie, c. 10. v. 2.

bien plutôt des leçons qu'on n'y raconte des faits. Comme l'usurpation de Cyrus n'eut point cadré avec le rôle qu'on lui faisoit jouer, on l'a dénaturée, & on lui a fait passer l'empire par des moyens qui supposent peut-être moins de force d'ame, mais qui sont plus honnêtes; & il semble qu'Hérodote ait voulu nous prévenir d'être en garde contre ce récit; car il observe avec affectation (1) que déja de son temps la vie de Cyrus avoit quatre versions différentes qui semblent se retrouver dans lui-même, Ctésias, Eschyle (2) & Xénophon.

Au surplus, lors même qu'on admettroit le second Kyaxares, il n'en résulteroit aucun changement dans notre ordre chronologique, comme on pourra s'en convaincre par les rapports de Cyrus aux princes Babyloniens.

(1) Herod. lib. I. p. 49.

(2) Eschyle, tragédie des Perses.

CHAPITRE IX.

Des Babyloniens.

UNE origine obscure, des commencemens foibles & incertains, des progrès lents & successifs, voilà à quoi se réduit l'histoire des premiers tems de Babylone, ainsi que de la plupart des cités.

Babylone ne fut d'abord qu'un hameau de pêcheurs, qui sans doute eût ses roitelets particuliers, comme on voit au siècle de Josué chaque bourgade de Phénicie avoir les siens. Mais, faute de monumens, on n'aura peut-être jamais de grands éclaircissemens sur ces détails. Babylone dût au commerce ses accroissemens & sa splendeur. Une position heureuse en fit le rendez-vous naturel des habitans de la Palestine, des Syriens, des Arabes, des peuples du haut Euphrates & du Tigre. C'étoit-là qu'ils venoient faire des échanges contre les marchandises qui y abordoient par le golfe persique, contre les perles & l'or d'*Ophir* (1), & les parfums des autres contrées de l'Arabie méridionale. Un long cabotage dut y faire passer des productions de l'Inde même. Avec ces moyens, Babylone devint florissante, & dût tenter l'avarice des puissances voisines ; aussi les Assyriens en firent-ils la conquête vers le tems de Phoul, c'est-à-dire, entre les années deux cent à deux cent trente ; & ils en formèrent la capitale d'une satrapie dépendante : c'est ce que l'on infère d'un passage du livre des Rois (2).

« Salmanazar, Roi d'Assyrie, ayant enlevé » les habitans de Samarie & du pays adjacent, » les remplaça par des Colonies, tirées entr'au- » tres de *Babylone* ».

Donc Babylone dépendoit des Assyriens, & cette exportation de ses habitans indique un pays récemment conquis, un peuple encore indocile au joug.

Mais Ninive ayant perdu l'empire, Babylone devint le siége d'une puissance qui s'enri-

chit des dépouilles de l'ancienne ; & c'est à ce tems qu'il faut rapporter ce que Bérose (3), Hérodote, les Grecs & les Hébreux ont dit de l'*empire* des Babyloniens.

Quant à ce que la Génèse dit de celui d'un *Nemrod*, qui, sitôt après *le déluge*, auroit occupé une vaste étendue de pays, c'est un récit qui tient à des traditions qu'on n'a point entendues, & qui ne sont rien moins que ce que l'on pense.

La différence des noms de dynasties & d'individus qu'on a donnés aux Rois de Babylone, a jetté le désordre & la confusion dans leur histoire ; on les appelle tantôt *Kaldéens*, tantôt *Arabes* & *Assyriens*. L'équivoque de ce dernier nom sur-tout a égaré la plupart des écrivains dans un dédale de méprises & d'erreurs. Sans cesse ils ont attribué à Babylone ce qui n'appartient qu'à Ninive, & *vice versâ*. Les Hébreux, que leur voisinage mit plus à portée d'être bien instruits, semblent avoir fait une distinction plus exacte ; car ils affectent d'appeler *Assyriens* les Ninivites, & *Kaldéens* les Babyloniens.

L'empire Babylonien date, comme celui des Mèdes, de l'an trois cent deux ; & il dura jusqu'à l'an quatre cent cinquante-cinq, où fut dissous par Cyrus, & remplacé par celui des Perses.

On a déjà vu (art. des Hébreux), la liste des Princes Babyloniens depuis Nabukodonosor second ; il s'agit de reconnoître ceux qui le précédèrent. Ptolomée, dans son canon astronomique, est le seul qui en ait rassemblé tous les noms ; mais la liste qu'il donne demande des éclaircissemens nouveaux. On n'a point senti que Ptolomée a fait cette confusion dont je viens de parler, & qu'il a regardé comme Rois de Babylone des Princes qui appartiennent à Ninive. L'examen de son canon va le prouver.

---

(1) On pourra s'étonner de voir ici Ophir compté au rang des contrées arabes ; mais j'ai en main une masse de preuves qui ne laissent pas même le doute sur la justesse de cette opinion.

(2) Reg. II. c. 17. v. 24.

(3) Berose ap. Joseph. contr. app. lib. I.

Liste des Rois Assyriens de Babylone.

Nabon-Assarus . . . . 14 ans.
Nadius 2
Chinzirus & Porus 5
Jugæus 5
Mardok-Empadus 12
Arkianus 5
  I. Interrègne 2
Belibus 3
Apronadius 6
Rigebelus 1
Messessi-Mordakus 4
  II. Interrègne . . . . 8 }
Assar-Addinus . . . . 13 }

                   80

Saosduchæus 20
Chyniladanus 22
Nabo-Pol-Assarus 21
Nabo-Col-Assarus 43
Iloua-Rodamus 2
Niri-Cassol-Assarus 4
Nabonadius 17
Cyrus 0

      209   129

Qu'est-ce que l'Assar-Addinus qui termine la première section de cette liste, sinon l'*Assar-Adoun* des Hébreux? Or si ce prince fut le dernier des Rois de Ninive, n'est-il pas évident que Ptolomée s'est trompé, en les intitulant de Babylone. Ce n'est qu'à *Saosduka͞us* que commencent les Rois propres de cette ville. La raison qui a fait confondre en une seule & même liste deux dynasties réellement différentes, est que les Rois de Ninive ayant régné sur Babylone depuis *Nabon-Assar*, les astronomes de cette ville, copiés par Ptolomée, ont compté leurs années comme s'ils eussent été les princes indigènes.

On reconnoît aisément le *Nabou-Kaden-Atsar* des Hébreux, dans *Nabo col-Assar*; leur *Aouil-Mérodak* dans *Iloua Rodame*. *Niricassolassar* est le *Niriglissor* de Bérose; & *Nabonadius* le *Nabonide* du même, dit encore *Nabo-Andel* & *Balthazar*. Mais Ptolomée a omis *Laborosoachod*, & ce n'est pas la seule chose qu'on ait à lui reprocher.

En rassemblant les connoissances des divers auteurs, il est désormais facile de donner une liste complette des Rois Babyloniens. J'écrirai le nom de ceux qu'ont connu les Hébreux, selon leur ortographe orientale.

Liste des Rois Babyloniens.

		Années du T.
Saosduchœus dit Belesys & Merodak & Baladan & Mardokentes . . . 20 ans de		302 à 321
Chyniladanus-Ben Merodak 37		322 à 358
Nabo-Pol Atsar dit Nabukodonosor I 29		359 à 387
Noubou Kaden-Atsar II 43		388 à 430
Aouilmerodak 2		431 à 432
Niricassol Atsar 4		433 à 436
Laboroso-Achod . . . . 9 mois.		437
Nabonidus dit Bâl-Atsar 17		458 à 454
Cyrus prend Babylone		455

A suivre les calculs de Ptolomée, la première année de Saosduchœus ne remonteroit qu'à l'an 321. Mais cet auteur s'est trompé dans les nombres: ou bien il a oublié un prince qui auroit été le Bélésys de Ctésias. Rien n'autorise cette seconde conjecture; mais les fautes notoires du canon astronomique rendent probable la première (1).

____

(1) Je ne parle point du canon astronomique retouché par les Ecrivains dits Ecclésiastiques, il ne merite que le silence.

Bérose (1) donne vingt-neuf ans à Nabopolaſſar; & cet hiſtorien, élevé dans Babylone, & devant par cette raiſon être mieux inſtruit que Ptolomée, je préfère ſon calcul. Il reſte à ce moyen trente-ſept ans pour Chynil-Adan (2).

Le Saosduchæus de Ptolomée ne peut être que le Béléſys de Ctéſias; & tout ce que Cteſias rapporte de ſon *Beltſys* convient, comme nous l'avons déjà remarqué, au Mérodak-Baladan des Hébreux.

Il faut convenir qu'il ſe préſente ici pluſieurs difficultés. J'ai dit que l'ambaſſade de *Mérodak-Baladan* à Ezékias avoit pour objet d'en tirer des ſecours pour faire la guerre à Sar-dana-pal. Mais 1°. la mort d'Ezékias, qui tombe à l'an deux cent quatre-vingt-ſeize, paroîtra rendre cette démarche trop précoce; 2°. Mérodak eſt appellé roi de Babylone dès le tems de l'ambaſſade, & cependant Ninive n'étoit point encore détruite; 3°. ce prince eſt dit fils de *Baladan*, & l'on voudra penſer que ce dernier eſt plutôt le Beleſys de Cteſias; ce qui remonteroit plus haut la ſubverſion de l'Empire aſſyrien. Mais je penſe au contraire, 1°. que *Mérodak Baladan* doit être pris pour Beleſys, parce que ce terme de *Mérodak* paroît avoir été dans ces contrées un titre de la puiſſance royale : on le retrouve dans *Aouil-Mérodak*, dans pluſieurs noms du canon aſtronomique, & nous le verrons encore dans une liſte fort ancienne, où il tient, comme nous le rétabliſſons ici, là première place des Rois Babyloniens.

2°. Il eſt bien vrai que *Mérodak*, au tems de l'ambaſſade, n'étoit point encore effectivement Roi de Babylone; mais on doit obſerver que les livres qui lui donnent ce titre, n'ayant été rédigés que depuis l'événement, ils ont pu très naturellement lui anticiper un titre qu'il eût trois ans après; il n'eſt point d'hiſtoire qui n'offre des exemples de cela.

3°. La difficulté qui naît de la mort d'Ezékias, n'eſt qu'une difficulté apparente. Il faut ſe rappeller que les années étoient ſolaires à Babylone, & lunaires à Jéruſalem. Or ſi depuis l'an deux cent quatre-vingt-ſeize juſqu'à quatre

cent ſix on les réduit à la même eſpèce, c'eſt-à-dire, qu'on réduiſe les années lunaires en ſolaires, la mort du prince hébreu deſcendra de trois ans quatre mois, & répondra à l'an trois cent. Si l'on remarque enſuite que la guerre dura trois ans au moins (3), on conviendra que l'enſemble qu'offrent ces événemens, eſt auſſi rigoureux qu'on puiſſe l'exiger.

C'eſt peut-être ici le lieu d'examiner le récit de *Judith*, qui ſuſcite quelques difficultés dans cette portion d'hiſtoire.

« Après avoir ſoumis pluſieurs nations à ſon empire, Arphaxad, Roi des Mèdes, dit ce livre, avoit ſuperbement bâti la ville d'Egbatanes, & il y jouiſſoit avec ſplendeur de ſa puiſſance & de ſa gloire.

» Or l'an douze de ſon règne, Nabukodonoſor, qui régnoit dans Ninive, combattit Arphaxad & le défit dans les plaines de Ragau; fier de ſa victoire, il députa vers tous les peuples de l'Aſie pour les ſommer de reconnoître ſa puiſſance; mais par tout ſes envoyés furent mépriſés..... L'an treize de ſon règne, il fit des préparatifs immenſes pour venger ſon affront; Holoferne, ſon Général, partit à la tête d'une armée formidable, & ravagea toute la baſſe Aſie, la Syrie, la Paleſtine &c. »

Quel eſt cet Arphaxad, Roi des Mèdes? Les caractères qu'on lui donne ici ſe partagent entre deux princes d'Hérodote. C'eſt Déïokes qui, ſelon lui, bâtit Egbatanes d'une manière tout-à-fait conforme au récit de Judith (4): mais il n'eſt point dit qu'il ait eu affaire aux Aſſyriens.

(5) *Phraortes ſon fils*, au contraire, *après avoir dompté le premier les Perſes, tourna ſes armes contre les Aſſyriens, & particulièrement contre ceux de Ninive, jadis dominateurs de tous*

---

(1) Ap. Joſeph. Lib. I. contr. App. n°. 19. Il eſt vrai que Joſeph dit en ſes Antiq. Jud. lib. X. c. 11. qu'il régna 21 ans; mais les Ant. Jud. paroiſſent en général bien moins exactes dans leurs citations que le petit ouvrage contre Appion.

(2) Obſervez que ce ſont 37 années lunaires qui n'en font pas 36 ſolaires.

---

(3) Cteſias apud Diod. lib. II. p. 140. Arbaces & Beleſys livrèrent d'abord quatre batailles; ils perdirent les trois premières; mais ayant gagné la quatrième, ils allèrent mettre le ſiége devant Ninive; & la ville ne ſe rendit qu'après deux ans révolus.

(4) Hérod. lib. I. p. 50.

(5) Phraortes primus Perſas ſubegit. .... deinde ad Aſſyrios progreſſus, & quidem ad eos Aſſyriorum qui Ninum incolebant, quondam omnium principes, ſed à ſociis per deſertionem defectos, alioqui per ſe bene habentes. Sed expeditione adversùs eos ſuſceptâ cum pleraque exercitûs parte interiit. *Ib.* p. 52.

*les autres, mais alors réduits à leurs seules forces,
d'ailleurs encore assez puissans. mais il périt dans
cette expédition avec la majeure partie de son
armée.*

Phraortes sembleroit donc plutôt être l'Arphaxad de Judith : mais 1°. Il n'est aucun prince babylonien dont la douzième année réponde à sa dernière ; 2°. chez les Babyloniens, le prince désigné par Judith ne répond point à Phraortes ; car son Nabukodonosor est le Chynil-Adan de Ptolomée, le même que les Paralipomènes appellent *Roi d'Assyrie* (1), dont les Généraux, dans une expédition qui paroît la même que celle de Judith, enlevèrent Manassès, & le transférèrent à Babylone. Ce titre de Roi d'*Assyrie* prouve également qu'il régnoit dans Ninive ; car, comme nous l'avons dit, les Hébreux n'appellent proprement *Assyriens* que les Ninivites ; & cela est si vrai, que depuis que Kyaxares se fût emparé de cette ville, les Hébreux affectent de ne plus donner aux Rois de Babylone, le titre de *Rois d'Abyssinie*.

Mais d'ailleurs il se présente ici des contradictions ; car d'un côté Hérodote peint les Ninivites comme un peuple indépendant (*a sociis per defectionem desertos*) ; d'autre part, les Hébreux semblent faire de Ninive une province de l'empire babylonien. Comment accorder ceci avec ce que rapporte Hérodote ? Comment imaginer que Nabopolassar ( ) se fût rendu médiateur l'an trois cent soixante-huit, entre Alyattes & Kyaxares, pour voir le Roi des Mèdes assiéger incontinent Ninive, dont on trouve ce même Nabopol-Assar en possession en 384 (3) ? Comment Nabukodonosor eut-il souffert tranquillement qu'on lui enlevât une aussi belle possession ? Toutes ces dissonances de faits, ces contrariétés d'auteurs rendent si équivoque l'état de Ninive depuis sa première prise par Belesys jusqu'à sa seconde par Kyaxares, qu'il ne me paroît pas raisonnable de hasarder un jugement.

Nabou-Kaden-Atsar II est le prince Babylonien qui a le plus intéressé les Hébreux. Aussi ont-ils déterminé avec précision différentes dates de son règne.

La quatrième année de Joakim (388) fut la première de Nabou-Kaden-Atsar , Roi de Babylone. . . . . *Jérémie. c. 25. v. 1.*

La huitième année de son règne, (395) *Nabou-kaden-Atsar* prit Jéchonias & l'emmena à Babylone. *Reg. II. c. 24. v. 12.*

L'an onzième de Sédécias (406) fut la dix-neuvième de *Naboukadenatsar. Ibid. c. 25. v. 8.*

C'est lui qu'Hérodote désigne sous le nom de prince Syrien (pour Assyrien) qui avoit fait construire les fameux jardins suspendus, & la plupart des autres merveilles de Babylone ; & Bérose, d'accord en ceci, annule ce que des écrivains postérieurs ont raconté de Sémiramis.

C'est encore le même prince qui, selon Mégasthènes ( ), avoit conquis les *Ibères* d'Espagne. Que Mégasthènes ait lu dans les livres kaldéens que Nabukodonosor conquit des *Ibères*, je n'en doute point ; mais qu'il y a t vu que c'étoit ceux d'Espagne, c'est ce que je nie. Moyse de Chorène a prétendu que ce fut les *Ibères* de Colchide ; mais l'interprétation n'est pas plus heureuse. Ces *Ibères* étoient en Phénicie. Ce sont les *Abirim* des Orientaux, *hebræi* des Latins. Les Occidentaux, qui n'ont jamais bien rendu l'*aïn* des Asiatiques, lui ont ici, comme dans bien des cas, substitué l'*i*, ainsi ils dirent *ilus* pour *äl*, le soleil, le *très-haut* ; & c'est ainsi que l'ignorance des langues & l'équivoque des noms jettent dans l'histoire des absurdités, (5) & des invraisemblances.

Je ne sais pourquoi nos doctes font conquérir à Nabuchodonosor toute l'Egypte : c'est une supposition démentie par le silence de toute l'antiquité. D'ailleurs ils sont absolument en défaut dans la désignation des villes qu'ils lui font prendre si gratuitement.

Aouil-Mérodak est le prince que Xénophon (6) appelle simplement *fils du roi d'Assyrie*, & qui fit en Médie une incursion lorsque Cyrus avoit seize ans, c'est-à-dire, l'an 226. Après deux ans de règne, son beau-frère Nériglissor le tua (7), & régna à sa place. Celui-ci

---

(1) Paralip. Lib. II. c. 33. v. 11.

(2) Hérod. l'appelle d'un nom commun aux Rois de Babylone , Labynet. Lib. 1. p. 37.

(3) Reg. IV. c. 23. v. 29. Il est appellé Roi d'Assyrie.

---

(4) Apud Joseph. contr. Ap. lib. I. & apud. Strabon, qui l'appelle Navocodrosar. Lib. XV. p. 687.

(5) Les Kaldéens employoient la même ortographe pour tous les autres *Ibères* , parce que le nom de tous étoit phénicien.

(6) Cyropédie in fol. p. 17 . . . 22 . . . . 88.

(7) Bérose, ap. Joseph. contr. Ap. lib. I.

est *le roi Assyrien*, contre qui Cyrus fit sa première campagne à l'âge de vingt cinq ans révolus, c'est-à-dire, en 335. *Nériglissor* fut tué
dans une bataille l'année suivante. Dans tous
ces détails, Xénophon s'accorde parfaitement
avec Hérodote & Bérose, & son récit jette beaucoup de jour sur le leur; mais il s'oublie quand
il attribue à *Nériglissor* la conquête des Syriens,
des Arabes (1), & l'ambition de subjuguer les
Hyrcaniens & les Bactriens. Comment eut-il
pu former des prétentions sur ces derniers situés
derrière les Perses & les Mèdes? Comment
eut-il pu conquérir les premiers, s'ils l'étoient
dès long-temps avant son règne? Mais la res-
semblance des noms de tous les rois de Babylone l'a trompé; & il a appliqué à celui-ci ce
qui ne convenoit qu'à ses prédécesseurs.

Labo-roso Achod, fils de Nérigliffor, régna
après lui; il fut assassiné au bout de neuf mois,
à cause de sa cruauté, dit Bérose (2). Aussi est-
ce lui dont Xénophon rapporte qu'il tua dans
une partie de chasse le fils de Gobryas par jalousie d'adresse, & qu'il fit eunuque un autre
jeune seigneur par jalousie de beauté.

Nabonide, l'un des conjurés, & de la famille de Nabukodonosor, régna ensuite. C'est
le dernier roi assyrien de Xénophon : c'est sans
doute à lui, sous le nom de *Labynet*, que Cræ-
sus dépêcha après la bataille de Tymbrée, pour
le presser de venir à son secours (3). Hérodote
& Bérose s'accordent à placer sous son règne
plusieurs ouvrages de fortification ajoutés à la
ville. *Nitocris, femme de* Nabukodonosor, *&
mère de Labynet*, ajoutent-ils, *redoutant la puissance des Mèdes, qui, depuis la prise de Ninive,*
(par Kyaxares) *prenoit de jour en jour des accroissemens rapides, fit creuser à l'Euphrate un
lit tortueux, afin de rendre plus long & plus difficile l'accès de Babylone*. C'est cet accroissement
de puissance qui faisoit dire à Jérémie l'an 399 :
*Le Seigneur a suscité l'esprit des Rois Mèdes;
Babylone deviendra la proie des peuples de l'A-
quilon* (4).

Le Syncelle, dans sa Chronographie, a conservé deux listes anciennes auxquelles on n'a rien
entendu, & qui trouvent ici leur place.

*P. xlix. . . . Rois Kaldéens qui régnèrent après le
déluge dans Babylone.*

Evechous......cru Nemrod 6 ans.		
Chosmas-bolus...........7	6 mois.	
Porus................35		
Nechubes.............43		
Abius................48		
Oni-ballus........ 40		
Zinzirus 45		
224	6 mois.	

*A ces princes, à cet empire succédèrent des
princes & un empire arabes, comme il suit.*

Mardok-entes...........45 ans.	
N***...............40	
Sisi - Mordak..........28	
Nabius..............37	
Parannus............40	
Nabon-nabus..........25	
215	

*A ces princes, à cet empire, succédèrent les
princes & l'empire des Assyriens* (de Ninive);
Ninus, Sémiramis, Ninyas, &c.

Il falloit être des Eusèbe & des Syncelle pour
méconnoître ces listes & leur assigner un pareil
rang.

Ces rois *arabes* sont manifestement les Babyloniens; *Mardok-entes* est *Merodak-Baladan* : les
vingt-huit années de *Sisi-Mordak* touchent les
29 de *Nabopolassar*, & sa place est la même.
Le nom *Mordak* ou *Merodak*, que nous avons
dit être générique à ces rois, se trouve joint
à *Sisi*, que Jérémie donne à la ville de Babylone (5). *Nabius* est *Nabu-kaden-atsar II*. *Nabon-
nabus* est le *Nabonide* de Bérose.

Ces princes ont été appellés Arabes, parce
que jadis ce nom s'étendit au loin dans la Mé-
sopotamie, & au-delà même du Tigre (6)......
C'est en ce sens qu'Hérodote appelle Senna-

---

(1) Il paroît que Xénophon indique sous ce nom les
Hébreux.

(2) Ap. Joseph. contra App. Lib. I.

(3) V. Hérod. lib. I. p. 38. — Et p. 86 — 88.

(4) C. 50 & 51.

(5) Jérémie. c. 51. v. 41. Babylone, ville de *Schischik*.

(6) Specimen histor. Arab. de Pokocke.

cherib

cherib roi des Arabes (1). On doit en conclure que ces liftes font réellement anciennes ; mais les copiftes ont trop mutilé les nombres pour qu'on puiffe s'en fervir.

La lifte qui précède, fi elle eft réellement *de Rois Kaldéens de Babylone*, ne peut être qu'une répétition dans un autre dialecte. Les nombres 43 & 35, par leur reffemblance avec ceux de *Chynil-adan* & de Nabukodonatzar II, femblent défigner les mêmes princes. L'*Oni-ballus* paroît le même que *Parannus*, & tous deux repréfentent Nériglifor, dont les quatre ans ont été décuplés par la négligence des tranfcripteurs (2). L'application qu'on a faite d'Evechous à Nemrod, eft fans conféquence comme fans autorité.

Je terminerai cet article par quelques obfervations fur les noms variés qu'il nous a offerts. Leur explication jetteroit fans doute beaucoup de jour dans l'hiftoire des princes même : mais la plupart des langues dont ils font tirés ont péri : ce n'eft pas que leurs débris ne puiffent encore fubfifter dans les pays où on les parla : les mots ont une généalogie comme les familles ; mais les idiômes modernes de l'Arménie, de l'Ibérie, & des montagnes de la Perfe orientale, font prefque auffi inconnus que les anciens. Nous fommes réduits à comparer feulement l'analogie des noms ; & les étranges mutilations qu'ils ont fubi, rendent ce travail encore affez difficile.

Le nom de Bal ou Bel, Dieu de Babylone, fe retrouve dans celui de la plupart des rois de cette ville. *Bala*-dan , *Bele*-Sys ; Oni-*bal*-lus. Chofmas-*bol*-us ; Nabo-*pol* (pour bol) atfar. *Bel*-ochus, &c. *Nabou*, nom d'une autre divinité qu'on croit la *lune*, comme *Bal* eft le *foleil*, a été défiguré en *Labou* (Laby) ; avec la nunnation arabe on en fit *Laboun* & *Labounet* (Labynet). On le trouve dans *Labo*-rofo-Achod. *Chy*-naladan paroît compofé du *Ky* perfan qu'on retrouve dans Kyaxares , & qui fignifie *roi*. L'*Ofor*, ou plutôt l'*Atfar* de *Nabukaden-atfar*, eft remarquable ; il paroît chez les Babyloniens avoir répondu à l'*Afar* des Ninivites ; & au *Sar* d'un ancien peuple de Georgie, où il étoit le titre du *defpote* (3) : il exiftoit chez les *Sakes* ou *Skithes*; le nom de *Zarina* que Ctéfias donne à une de leurs reines (4), n'étoit point un nom propre, mais le titre de fa dignité. Enfin, le *Tchar* (Czar) des Ruffes n'a pas une autre origine; & ces rapports entre des pays & des temps auffi éloignés, méritent d'être obfervés.

---

(1) Hérod. lib. II. p. 171.

(2) On trouve la même faute dans Jofephe. Ant. Jud. lib. X. c. 11.

(3) *V.* D'Herbelot, Bibl. orient. mot *Sar.*

(4) Ctéfias. Ap. Diod. lib. II.

CHAPITRE X.

Des Assyriens proprement dits, ou *de Ninive*. Voyez les listes, Pl. I.

Au temps d'Hérodote, les Savans de l'Asie qu'il avoit consultés, évaluoient à cinq cents vingt ans la durée de l'ancien empire *assyrien* ou *Ninivite*. Moins d'un siècle après lui, Ctésias réclama contre ce calcul, & prétendit établir par les archives même des rois de Perse, une durée de treize cent soixante années. Dans cette contradiction, on ne sait de quoi s'étonner davantage ou de la discordance énorme des auteurs, ou du changement subit de système historique dans un même pays, & le jugement balancé par des raisons égales, ne sait à quelle opinion le fixer. Si, d'un côté, Hérodote forme par lui seul une autorité respectable, Ctésias d'autre part, appuyé d'une foule d'écrivains, qui, comme lui, puisèrent dans les monumens originaux, ne permet point qu'on rejette légèrement son témoignage, & ce problème est peut être un des plus difficiles de l'antiquité.

Il n'a tenu qu'aux historiens grecs qui, depuis la conquête d'Alexandre, inondèrent l'Asie d'en donner la solution : ayant en main les livres originaux où leurs prédécesseurs avoient puisé les motifs de leurs assertions, rien n'étoit si facile que de retirer de la comparaison des faits, des contradictions même des récits, cette unité, qui constitue la certitude historique ; mais l'ignorance grecque ne fut jamais capable d'un pareil travail. Aujourd'hui que les moyens nous sont enlevés par la perte de tous les ouvrages, nous n'avons que des assertions nues, contradictoires, dépouillées de leurs preuves, & sur lesquelles on a vainement tenté jusqu'à ce jour d'établir un système.

Cependant les choses ne sont point aussi désespérées qu'on le croit généralement. Les modernes n'ont pas su profiter de tous les moyens qu'ils ont en main ; il existe entre autres une liste qu'on a laissé jusqu'ici croupir dans la poussière des bibliothèques, & qui cependant, par des détails uniques, fournit un développement nouveau & un ensemble étonnant.

Il s'agit de l'examiner avec l'attention qu'elle mérite. (*Voyez la liste ci à côté, Pl. II.*)

Dans cette liste, nous avons d'abord un point connu : Sardanapale qui la termine en nous donnant l'époque de la fin de cet empire, nous certifie aussi que ces princes furent les Assyriens de Ninive ; si l'auteur les intitule rois de Babylone, c'est par une erreur générale dont nous avons expliqué les motifs.

Puisque nous trouvons ici un prince nommé par les Hébreux, ne seroit-il pas possible d'en reconnoître quelqu'un des quatre autres dont ils font mention. Je remonte en confrontant chacun des noms. *Eu-pal-ès* (1) m'arrête ; il me représente *Phoul* ou *Phal* : c'est précisément la même tournure que dans *Sar-dana-pal*. S'il est sixième dans cette liste, il est cinquième dans celle de Moyse de Chorène comme dans celle des Hébreux. De-là suit d'abord une correction à faire dans toutes les chronologies chrétiennes, qui, depuis Africanus, ajoutent aux rois nommés par les Grecs les cinq dont parlent les Hébreux.

L'exactitude des livres de ce peuple, constatée par ces deux exemples, demande donc que nous ayons confiance en eux sur tout ce qui concerne ce sujet. Or comme, selon eux, il n'a pas dû s'écouler plus d'un siècle du commencement de *Phal-Eupalès* à la fin de Sardanapale, nous tiendrons au moins pour douteux les calculs de la liste grecque.

Quatre générations avant, *Phal-Eupalès* se présente *Teutamus* ou *Tautanes*, qui, d'un aveu général, fut contemporain de la guerre de Troye : nouvelle preuve en faveur de ce que nous avons dit sur cette célèbre époque ; car en remontant d'Eupalès, qui régnoit en 230 à Tautanès, on trouve ce dernier placé dans la fin du premier siècle & le commencement du second (2).

---

(1) Enpakmès dans le Syncelle par confusion du λ au K.

(2) Il paroît que les *Ethiopiens* des anciens grecs, amenés par Memnon, fils de l'Aurore, ne sont pas autres que les Assyriens mêmes.

LISTE

Des Rois Assyriens qui ont régné dans Babylone. Selon un anonyme.

1 Ninus...........52 fit la guerre à Oxyartes, roi des Bactriens.
2 Sémiramis.........42
3 Ninyas...........38
4 Arius...........30 acheva de dompter les Bactriens.
5 Aralius...........40
6 Balœus...........30 dit *Xercès*, c'est-à-dire *belliqueux*; il aggrandit l'empire du double, & l'étendit jusqu'à l'Indus.
7 Arma Mithras.........38
8 Belochus...........35 ainsi appellé, parce qu'il étoit prêtre de Bel; il étoit d'ailleurs grand devin.
9 Balœus II...........52 égala Sémiramis, & pénétra jusque dans l'Inde.
10 Altadas...........32
11 Mamitus...........30 commença à faire redouter aux Syriens & aux Egyptiens la puissance des Assyriens.
12 Mankaleus...........36
13 Spheras...........30
14 Mamitus...........30
15 Sparetus...........40 De son temps, on ressentit un grand tremblement de terre à Babylone.
16 Ascatades...........40 acheva de subjuguer les Syriens.

Total..........579

Un anonyme termine ici l'histoire des Rois Assyriens.

17 Amintès...........45
18 Belochus...........25
19 Balœores...........30 eut pour sœur Actosa ou Sémiramis II.
20 Lamprides...........32
21 Sofares...........20
22 Lampatès...........30
23 Panias...........45
24 So'armus...........19
25 Mirœus...........27
26 Tautanès...........32
27 Teuteus...........40
28 Tineus...........30
29 Dercilus...........40
30 Eu-pai-ès...........38
31 Laosthènes...........45
32 Piriatides...........30
33 Ophrateus...........20
34 Ophratenès...........50
35 Ocrapazés...........42
36 Garadan-pal...........20

Total..........660

Rois Assyriens de Ninive connus des Hébreux.

Phal...........paroît le premier en Syrie vers 236, & rend tributaire Manahem, roi de Samarie.
Teglar-phal-asar...........enlève les Syriens de Damas & quelques cantons Hébreux, vers 256.
Salman-asar (1)...........détruit le royaume de Samarie, & fait la guerre aux Tyriens.
Sennachérib...........fait la guerre aux Hébreux & aux Egyptiens.
Asar-adon-phal...........fait prendre la ville d'Azot.

(1) Appellé *Asanaphar* par les Samaritains. Esdr. c. 4.

Au-deſſus de *Tautanes*, il n'eſt plus de moyens de ſe reconnoître juſqu'à la note de l'anonyme. Cette note eſt ſingulière, & j'admire comment & par quelle raiſon *un écrivain a terminé l'hiſtoire des Rois Aſſyriens*, à ce qui paroît en faire moins de la moitié. Dans ces deux ſections, je vois un caractère de différence marqué. L'une porte des notes, l'autre en eſt abſolument dépourvue. J'examine ces notes; ce ſont des princes faiſant *la guerre aux Syriens & aux Egyptiens*, & ces guerres ſont continuées *tacitement* pendant ſix générations, juſqu'à ce qu'enfin le dernier *achève de ſubjuguer la Syrie*.

Quoi! des Rois de Ninive ont fait la guerre en Syrie avant Phal? Et dans quel temps? Depuis ce prince juſqu'à Abraham, les Hébreux ne ſont pas la moindre mention d'*Aſſyriens*: cependant il étoit impoſſible qu'ils ſe portaſſent dans la Syrie & juſque vers l'Egypte, ſans que les Hébreux y fuſſent compromis. Quelle eſt la raiſon de ce ſilence? Quelle eſt la ſolution de cette difficulté? O Ctéſias! ô chroniqueurs antiques! où étoit votre jugement? Ces compilateurs n'ont pas ſenti qu'ils employoient deux fois les mêmes princes, les mêmes événemens: de deux liſtes identiques qui n'avoient de différence que dans les noms, ils en ont fait une ſeule, & les joignant bout à bout, ils ont compté deux fois un même temps. Ceci n'eſt point une conjecture, un ſoupçon, c'eſt une vérité dont l'évidence ſe démontre de toutes pièces. Baleus II eſt *Eupalès & Phal*; Aſcarades eſt *Sardanapale*, ou Aſar-adon qui, ſous le nom de *Sarag-oun*, fit prendre Azot, & mérita par-là qu'on dît de lui qu'*il avoit achevé de ſubjuguer la Syrie* (1).

L'anonyme avoit donc bien raiſon de terminer là l'hiſtoire des Aſſyriens de Ninive; mais des ignorans vinrent après lui tout gâter par un faux ſavoir: s'imaginant dans la différence des noms voir une autre dynaſtie, ils rentrèrent dans les premiers temps de l'hiſtoire par des ſentiers ténébreux, & s'égarèrent dans le labyrinthe qu'ils ſe firent; toujours trompés par l'équivoque d'*Aſſyriens*, *Rois de Babylone*, ils introduiſirent réellement des Rois Babyloniens; tel eſt l'*Amyntès* de la ſeconde ſection, dont les quarante-cinq ans décèlent l'identité avec le Mardok-entès de la liſte arabe, le même que Merodak-Beleſys. *Belochus* eſt peut-être encore le même perſonnage ſous un autre nom. *Baletores* (2) eſt le Babylonien, *Bal-atſar*. Mais il n'eſt pas facile de reconnoître préciſément où ces aveugles rentrent dans les princes aſſyriens; il paroît ſeulement qu'ils en retiennent déjà le fil à *Mithræus*, le même qu'*Anna Mithras*.

Voici donc dans les Aſſyriens la même erreur que Ctéſias a commiſe dans les Mèdes; & ſi l'on y réfléchit, l'une n'a été qu'une continuation de l'autre, & elles ſe ſervent réciproquement de preuve. En effet, les Mèdes ayant ſuccédé immédiatement aux *Aſſyriens*, l'hiſtoire de ceux-là fut la continuation de l'hiſtoire de ceux-ci; elle dut faire un même corps d'ouvrage: ſi donc Ctéſias doubla, ſans s'en appercevoir, les temps des Mèdes, ce fut par une raiſon plauſible, inſidieuſe, qui exiſtoit dans les livres des Perſes, & qui, dérivant de la nature ou de la forme de l'ouvrage, eût également lieu pour les Aſſyriens. C'eſt parce que cette cauſe exiſta dans les originaux même de l'Aſie, qu'elle devint commune à tous les Grecs qui y puiſèrent: ſi ces écrivains ne ſont pas tombés dans la même bévue à l'égard des Mèdes, c'eſt qu'ils n'en ont point écrit; mais l'erreur de Ctéſias ne leur eſt pas moins commune, puiſqu'elle a gliſſé ſous leur critique.

Enfin ne voulut-on regarder ceci que comme hypothèſe, elle réſout toutes les difficultés, & préſente un enſemble qui concorde exactement avec le reſte de l'hiſtoire.

1°. En prenant la première ſection pour une liſte complette, & en retranchant de la ſeconde les princes Babyloniens, on voit le calcul de chacune ſe rapprocher tellement de celui d'Hérodote, qu'il eſt évident qu'il n'en a compté qu'une.

2°. Par-là, toutes les contradictions des Auteurs ſe réſolvent naturellement. (*Voyez* les liſtes. Pl. I.)

Si Ctéſias ne comptoit que trente générations de Ninus à Sardanapale, c'eſt qu'il ne prenoit que des Aſſyriens, c'eſt-à-dire, qu'il faiſoit le doublement pur & ſimple de la première ſection.

---

(1) Le nom de *Syrie* s'étendoit autrefois juſqu'à l'Egypte. On la diſtinguoit ſeulement par *Syria-Paleſtina*, *Syria-Phænicum*, *Syria propria*. Hérod. lib. I. p. 52.

(2) Bélo-parès en Euſèbe. Un trait ajouté par le copiſte a fait du *τ* un *π*.

Si ceux qui l'ont fuivi en ont compté 34 &
36, c'eft qu'ils introduifoient les princes Babyloniens (1).

Si Ctéfias affuroit que de Ninus à Sardanapale, l'ordre généalogique ne fut point inter-
rompu, il avoit raifon.

Mais fi Bion & Alexandre Polyhiftor pré-
tendoient qu'il le fut, ils n'avoient pas tort ;
car ne reconnoiffant point Sardanapale dans Afcatades, ils introduifirent enfuite des Rois Babyloniens qui brifoient la famille de Ninus (2). Il

---

(1) La lifte de Syncelle porte une fingularité qui mérite d'être relevée. Ce compilateur, qui dans toute occafion n'eft que le copifte d'Eusèbe, outre la licence
qu'il prend par-tout de réformer les nombres à fa convenance, s'eft ici permis d'ajouter aux Rois Affyriens
cinq princes, dont les autres n'ont pas fait mention ;
il les autorife d'Abydène, qui avoit travaillé fur les
monumens afiatiques ; mais Moyfe de Chorène, qui
a eu auffi un Abydène à fa difpofition, y trouvoit un
ordre bien différent ; il étoit tel. 1 Belus. 2 Babius.
3 Anobus. 4 Chalaus. 4 Arabelus. 6 Ninus, 7 Semira-
mis, &c.

Or comme les chronologiftes & les hiftoriens ne re-
prennent l'empire affyrien que depuis Ninus, il faut
fupprimer ces cinq Rois dans le Syncelle ; & cet exemple peut donner une idée de l'audace de nos anciens
chroniqueurs.

(2) « La poftérité de Ninus, difent Bion & Alexandre,
» ne fut continue que jufqu'à *Belus*, dit *Dercetade*,
» parce qu'il étoit de la famille de Derceto ou Sémira-
» mis (époufe de Ninus). Alors un nommé *Belitaras*,
» intendant des jardins du Roi, confpira contre lui,
» & lui ayant ravi le fceptre & la vie *d'une manière qui*
» *tenoit du merveilleux*, il tranfmit l'empire à fes def-
» cendans, qui régnèrent jufqu'à Sardanapal ; & de-
» puis Ninus, le tems fut en total de 1306 ans «.

Ce récit prête de nouvelles preuves à ce que j'ai avancé. Cette ufurpation de Belitaras (*Baletores en Syncelle, Belinus en Céphalion, qui le place 640 ans après
Ninus, & il eft 649 ans en Eusèbe.*) Cette ufurpation,
dis-je, faite *d'une manière qui tenoit du merveilleux*
(*mirâ quadam ratione*), eft une allufion fenfible à celle
du Belcfys, qui dans Ctefias employe l'aftrologie, la
divination, & ce que l'on appelle *magie, enchantemens.*
Ainfi, *Belus Decertade* eft encore un autre nom de
Sardanapale, peut-être en Dialecte babylonien. Les
anciens fe font fi peu entendus dans cette partie,
qu'Alexandre Polyhiftor a répété ce fait dans un autre
récit fous d'autres couleurs.

« Nabopolaffar, dit-il, général des armées de *Sa-
» rak*, Roi des Kaldéens & de Ninive, tourna fes
» armes contre ce prince, qui, de défefpoir, *fe brûla
« dans fon palais*, & Nabo-Pol-Affar, devenu Roi par
» cette révolution, tranfmit à fon fils Nabukodono-
» for II, l'empire des Kaldéens & de Babylone «. *Voy.*
Ap. Syncel. p. 210.

J'ai déjà dit que *Sarak* étoit Sardanapale : la circonftance de *s'être brûlé dans fon palais* en eft une nouvelle
preuve. Mais en outre on remarquera que prenant
Afcatades pour Sardanapale, & Amyntes pour Belefys, Belitaras fe trouve exactement répondre à Nabo-

---

y avoit oui & non, & Céphalion a dit l'un &
l'autre. (*Cephal. in Syncel. p.* 167.)

Les caufes de toute cette confufion font, 1°.
l'équivoque des Rois de Ninive qui régnèrent
fur Babylone, & des Rois de Babylone qui,
depuis Be efys jufqu'à Nabukadenatfar II, paroiffent avoir régné fur Ninive.

2°. La différence des langues. Les monumens originaux de chaque nation étoient d'a-
bord écrits dans leur langue propre : mais ces
langues ayant fubi les révolutions des peuples
qui les parloient, les idiômes des vainqueurs
firent tomber en défuétude les idiômes des vain-
cus ; ceux-ci s'altérèrent & s'oublièrent de jour
en jour : faute de grammaires & de dictionnai-
res, l'étude en devenoit très-difficile ; l'intelligence des livres ne fe tranfmettoit que de bouche, moyen rapide de dépravation ; on tra-
duifit ; on défigura ; le rareté des manufcrits
rendit les confrontations difficiles, & par la
fuite quand les Grecs ignorans vinrent s'en mê-
ler, ils fondirent en un feul corps ou des tra-
dutions diverfes, ou des originaux anciens.

Pour réformer ces erreurs, & rétablir l'ordre
naturel, il faut d'abord, au lieu de 30 ou 36
générations, n'en compter que quinze ; en outre, on doit rejetter tous les nombres donnés
par les liftes grecques ; ils font condamnés &
par leurs difcordances dans les mêmes fujets,
& par l'autorité de Céphalion, qui affure que
*depuis Ninyas, aucun des Rois de Ninive ne
régna plus de vingt ans* ; (3) & ce témoignage
s'accorde avec les livres hébreux, d'après lefquels on ne peut donner vingt ans à chacun des
quatre princes qui fuivirent *Phal :* & fi l'on fait
attention au calcul d'Hérodote, on verra qu'il
n'a fait aucun cas de ces nombres, mais qu'il
a, felon fa coutume, évalué les temps par le
fyftême des générations. Ses 520 ans en donnent quinze, plus les vingt ans de Sardanapale,
trop connus pour être évalués fyftématique-
ment. Mais fi l'on évalue les générations felon
ce que j'ai propofé, les 15 ne donneront que
375 ans : ce qui place Ninus dans le fiècle de

---

polaffar. Or comme on n'a pu attribuer ces faits à ce
dernier que par l'équivoque des noms, il faut les re-
porter à fon anté-prédéceffeur, & tout rentrera dans
l'ordre.

(3) A Ninyâ reliqui..... ab avitâ nobilitate defi-
cientes.... Ita ut nullus vicennalis obiret. Apud Syncel. p. 167.

David, fans pouvoir le rejetter plus haut ; & on peut l'abaiffer jufqu'à les rendre contemporains, car on ne doit point compter pour une *génération*, Sémiramis, époufe de Ninus. Alors on voit combien eft exact ce paffage de Philon de Beryte, qui fait vivre Sémiramis du temps d'Abibal, qui vécut du temps de David.

Si maintenant nous contemplons l'enfemble général qui réfulte de cet ordre, nous le trouverons exact : en vain nous affure-t-on que Ninus fut un conquérant univerfel, qu'il parcourut l'Afie, l'Inde & l'Afrique ; ce font autant de fables & d'abfurdités dérivées de l'équivoque des mots & des noms qui a tout confondu dans la haute antiquité : Ninus, pris pour homme & pour roi d'Affyrie (1), ne put jamais faire que de petites conquêtes, & poffèder que des états très-bornés. Les notes de l'anonyme en donnent les preuves les plus évidentes ; on y voit que Ninus n'avoit pas même conquis les Bactriens, puifque ce fut *Arius qui acheva de les foumettre*. Il s'en falloit beaucoup qu'il eût conquis l'Inde, puifque *Baleus-Xercès n'en atteignit les frontières qu'après avoir doublé l'empire par fes victoires*. Malgré la pénurie des détails, on faifit toutes les nuances d'un accroiffement progreffif, conforme à la nature des chofes. L'ambition des premiers princes affyriens fe porta toute entière vers l'Orient. Quand elle eut pris de ce côté une extenfion

(1) Je dis pris pour homme, car il me paroît qu'on l'a pris pour toute autre chofe. Je foupçonne que l'on a confondu *Ninos* Roi, avec *Ninos* ville ; & en prenant dans ce dernier fens ce que l'on raconte de l'empire de Ninus, le récit devient plus exact. Mais d'autre part, Ninus me paroît avoir fait équivoque avec un être d'une autre efpèce. J'ai lu quelque part que ce nom en Affyrien vouloit dire *le foleil* ; & la généalogie de Ninus en Xénophon (a), favorife ce fentiment. Ce règne de cinquante-deux *révolutions* qu'on lui attribue, femble faire allufion au *règne* annuel du foleil, divifé en 52 femaines. En cette qualité, je ne m'étonne plus qu'on ait pris Ninus pour un conquérant univerfel ; mais fes conquètes ont été de l'efpèce de celles de Bacchus, Ofyris, Hercule, tous emblême *du foleil*, qui parcourt la terre *avec l'armée innombrable des cieux*.

Dans l'antiquité primitive, chez tous les peuples *Sabiens*, les Rois s'appelloient *Soleil* ; voilà la fignification des *Hadad* de Damas, des *Belus* de Babylone, des *Kyrus* des Perfes. Les Reines fouvent s'appelloient *Lunes* ; tout l'ordre des cieux étoit imité fur la terre : & c'eft par ces équivoques que la Mythologie a été mêlée à l'hiftoire.

(a) Xenoph. de *Æquivocis*. Nous la rapporterons ailleurs.

fuffifante, elle fe retourna vers le couchant, & y fuivit les mêmes gradations. *Phoul Mamitus* paffa le premier l'Euphrate vers l'an 236. Jufqu'alors les pays adjacens à la Méditerranée avoient été divifés en une multitude de petits états, tels que *Tfouba*, *Damas*, *Hamat*, &c. dont on fuit l'indépendance depuis Abraham jufqu'à leur deftruction par les Affyriens (2). Vers l'an 258, Teglat détruifit le royaume de Damas (3), & il enleva même quelques cantons hébreux & arabes. Salmanafar (4), en 273, completta la ruine du royaume de Samarie, & s'efforça d'envahir les poffeffions des Tyriens (5). Sennachérib porta fes vues fur Jérufalem & Memphis ; enfin *Afaradon* termina par la prife d'Azot.

Pour fentir toute la vérité de ce tableau, écoutons un Roi Affyrien, Sennachérib lui-même parlant à Ezékias.

« Infenfé qui crois que ton Dieu te garantira » de mon joug ! les Dieux des nations les ont-» ils fauvées de la main de mes pères ? Ont-ils » préfervé les pays de *Háran*, *Gouzan*, Rat-» faph, & les enfans d'Aden qui habitoient » Talachar ? *Reg. II. c. 19.*

» Ont-ils fu défendre contre moi *Hámat*, » *Ana*, & le *Saphirouim* ? *Ibid. c. 18.*

La pofition de la plupart de ces pays nous eft connue. *Háran* eft en Méfopotamie, *Gouzan* eft le *Gauzanitis* de Ptolomée, aux environs de *Singare*. *Ratfaph* eft fur l'Euphrate ; *Ana* eft une ifle fituée dans le cours de ce même fleuve. Les *Saphirouim* font les *Sapires* des Grecs, au nord de l'Arménie. (*V. Danville*, *Géograp. anc. & moderne.*)

Or, fi Sennachérib avoit fubjugué des peuples auffi voifins de l'Affyrie, fi même du tems de fes pères il y avoit des pays indépendans

(2) Ce fut en conféquence de la conquête des *Affyriens* que s'introduifit, comme nous l'avons dit, le nom de *Syriens*. Or cette dénomination ne pût devenir ufitée que fur la fin du troifième fiècle ; & voilà pourquoi on ne la trouve ni dans Homére, ni dans Héfiode fon contemporain, quoiqu'ils aient parlé de ce pays fous fon nom oriental *Arima* ou *Aram.*, Iliad. lib. II. Hefiod Theogon.

(3) Reg. II. c. 16. v. 9. & Paral. lib. I. c. 5. (cap. 6.) v. 26.

(4) Ib. c. 17.

(5) Ap. Jofeph. Ant. Jud. lib. 9. c. 14.

auffi près de Ninive, que deviennent les conquêtes du Roi Ninus (1)?

La parfaite correfpondance de toutes les parties de notre tableau hiftorique des Affyriens, eft fans doute la meilleure preuve de l'authenticité de la lifte qui m'en a procuré le développement : il faudra donc réformer des préjugés accrédités mal-à-propos contre elle. Ce n'eft pas que je prétende nier qu'elle ne nous foit parvenue avec des caractères fufpects, qu'elle ne foit intitulée d'un auteur à qui elle n'appartient point, qu'elle n'ait en un mot mérité l'épithète d'*apocryphe*. Mais l'idée qu'on attache à ce terme, a excédé fes bornes. L'on à tort de rejetter fans examen les *apocryphes* des anciens ; il en eft peu où l'on ne trouve des traits précieux ; & cela ne pouvoit manquer d'arriver, parce que cette efpèce d'ouvrage exige toujours une apparence de vérité, & les anciens auteurs ont eu des moyens que nous n'avons plus. On doit donc regarder la lifte en queftion comme une compilation faite fur les traductions grecques des livres de l'Afie, comme le démentrent les analogies fuivantes.

1°. Les noms & les nombres fe retrouvent tous dans Eusèbe & le Syncelle, & accufent un ancien original commun, tel que Caftor.

2°. La fection, *un anonyme termine ici l'hiftoire des Rois Affyriens*, lui eft commune avec Bion, Alexandre Polyhiftor, & Céphalion.

3°. Sémiramis, fœur de Baletores, pris pour *Belefys*, (felon l'induction de la note 2, page lix) répond à la Sémiramis qu'Hérodote place cinq générations avant Nitocris.

4°. Le nom de Xercès y eft expliqué comme dans ce même auteur. *Lib. VI. p.* 483.

5°. Il eft fingulier que prenant Afcatades pour *Sardanapale*, le tremblement de terre obfervé à Babylone coïncide avec celui d'Amos.

6°. Enfin, nous al'ons voir dans l'article de Zoroaftres des rapports avec des livres orientaux qui, n'ayant été connus que récemment, achèvent de détruire toute idée de fuppofition dans l'éditeur de cette lifte. L'ouvrage où elle fe trouve refta enfoui dans les bibliothèques d'Efpagne, jufqu'à la fin du feizième fiècle. Enfin, un prêtre (2) affez ignorant s'avifa de le déterrer & de le publier fous un nom qu'il a peut-être lui - même fuppofé. On y trouve d'ailleurs mille difparates mythologiques qui s'accordent avec ce que l'on recueille tant des auteurs anciens que de ceux qui ont écrit après l'Ere chrétienne.

Il ne me refte plus qu'une obfervation à faire (3) ; & c'eft fur l'Ere de *Nabon-affar*. Ce prince étant antérieur à Sardanapale, & de la même famille, ne peut être que Ninivite : fi fon nom eft babylonien, ainfi que plufieurs autres de la même lifte, c'eft que le canon aftronomique, ouvrage des aftronomes de Babylone, fut écrit en leur langue.

Il fembleroit d'abord équivoque auquel des princes affyriens qui nous font connus, *Nabon-affar* eft identique : car fi l'on calcule fon Ere de la dix-neuvième année de *Nabou-kaden-atfar II*, (400) fa première répond à l'an deux cent quarante-cinq, & il eft le même que *Teglat-phal-affar* : fi au contraire on part de la dernière d'*Afar-Adon* (301), *Nabon-affar* répond à l'an deux cent vingt deux, & il s'annonce pour être *Phoul*. Dans cette contradiction, notre choix eft facile ; car Ptolomée ayant tronqué les règnes des premiers princes babyloniens, il eft évident qu'un calcul où cette erreur entreroit, feroit également erroné. Nous préférons donc la feconde alternative, & elle remplit exactement toutes les indications.

Dans cette lifte, on a divifé en deux portions le temps que les chroniques grecques attribuent au règne de *Sardanapale* ; la différence qui en réfulte n'eft que d'un an : il paroît que l'*interregne* fut la minorité d'*Afar-Adon*. Ainfi, *Meffeffi - Mordak* repréfente *Sennacherib*, qui régna l'an 277 ou 278, felon que l'on fuit Ptolomée ou les liftes grecques. *Apronadius* eft *Salmanafar* ; *Mardokempad* eft *Teglat phal afar*, & *Nabon afar* eft *Phoul*. Quoique ces correfpondances ne pêchent en aucun point, il feroit cependant poffible de les rendre encore plus

---

(1) En fuivant ce nouvel ordre de tems, on corrigera mille erreurs introduites dans l'explication des grands & petits prophêtes. Faute de le connoître, on a fait des contrefens perpétuels en traduifant au *futur* comme *prophétique* ce qui n'eft que *narratif* au *paffé*.

(2) Annius de Viterbe,
(3) *Voyez* le canon aftronomiq. ci- devant art. de Babyl. p. 114.

exactes, en réduisant à la même espèce les années lunaires dans notre canon, jusqu'à l'an 406, & toujours solaires dans celui des Assyriens : mais ce travail ne convient qu'à des ouvrages qui traiteront l'histoire avec plus de détail.

La liste de Ptolomée nous est garant, conjointement avec celle des Hébreux, de la fausseté des nombres allégués par les chroniques grecques ; & l'on voit que ce n'est point par convenance d'hypothèse que nous les avons rejettés.

Une circonstance chez les Hébreux nous indique qu'effectivement, vers le temps dont il s'agit, les princes assyriens avoient pour l'astro-nomie le goût que l'on reconnoît à *Nabon-af-far*. Il est parlé d'un *cadran* d'Achaz, qui ne fut autre chose qu'un gnomon (1), comme d'une pièce merveilleuse & nouvelle à Jérusalem. Or, il paroît que le prince hébreu en rapporta l'idée de l'entrevue qu'il eut avec Teglat-phal-a'ar à Damas, ainsi que le modèle d'un autel à l'assyrienne, & plusieurs autres ouvrages de goût (*V. Reg. II. c.* 15 *&* 16.)

---

(1) C'est sur ce gnomon qu'Isaïe opéra son phéno-mène ou plutôt son *tour de main de la rétrogradation du soleil* ; il est très-vraisemblable, pour ne pas dire certain, qu'il aura, par quelque moyen, fait jouer le gnomon, ou son cadran, ce qui a produit sur l'ombre une apparence de *rétrogradation*.

CHAPITRE XI.

Du siècle de Zoroastres.

SANS la réforme de la chronologie assyrienne, il étoit impossible de découvrir le siècle de Zoroastres. L'histoire de ce législateur religieux étoit trop étroitement liée à celle des Rois de Ninive, pour que l'on dût établir d'une manière indépendante des tems qui sont les mêmes.

L'un des problêmes est-il résolu, l'autre le suit sans effort & comme une conséquence naturelle : & tel est l'avantage de leur complication que les preuves particulières à chacun se réfléchissant sur l'autre, accusent par leur accord la vérité qui leur est commune. Le développement de ces rapports va completter l'évidence de ce que j'ai avancé.

Quand on consulte les Ecrivains qui paroissent avoir eu les meilleurs moyens d'instruction sur cette matière, on en recueille un suffrage unanime, qui place Zoroastres dans le premier âge de l'empire assyrien. Plusieurs même ont désigné son époque d'une manière précise : tel entr'autres Céphalion, qui, sur l'autorité des livres anciens de l'Asie, atteste que Zoroastres fut contemporain de Sémiramis (1). Moyse de Chorène, qui a composé son histoire d'*Arménie* sur des monumens aussi authentiques, dit positivement la même chose (2). Trogue Pompée n'a point un sentiment différent, lorsqu'il substitue à Sémiramis Ninus, son époux. (3)

Enfin un historien des plus anciens, & que ses fragmens me font juger avoir puisé profondément dans les antiquités, a réuni dans un passage la double combinaison & des témoignages cités & de l'ordre que je réclame. *Depuis Zoroastres jusqu'au passage de Xercès en Grèce, a dit Xantus de Lydie, il s'écoula six cents* ans 4) ; par ce calcul, Zoroastres se trouve placé dans le siècle de David, & de là résulte cet enchaînement de synchronismes, *Zoroastres, contemporain de Sémiramis, contemporaine de Sanchoniaton & d'Abibal, contemporains de David.*

Un tel accord suffit sans doute pour démontrer que la réforme que j'ai faite, toute étrange qu'elle peut paroître, est autorisée par les preuves les plus décisives. Mais en ce moment l'Asie moderne nous fournit des éclaircissemens trop intéressans pour les négliger.

Les livres des Parses sur-tout, apportés depuis quelques années de l'Inde, & publiés par *M. Anquetil du Perron*, en révélant sur la personne & l'histoire de Zoroastres des details inconnus, nous prêtent des moyens décisifs de porter l'évidence à son comble (5).

Voici en peu de mots ce que les traditions des orientaux offrent actuellement de plus clair & de plus instructif.

« Au tems de Zoroastres, toute la vaste étendue des pays compris entre l'*Indus*, le *Gihon* & l'*Euphrates*, s'appelloit d'un nom commun & général, *Iran* ou *Eériéné* (6). Ce pays étoit divisé en un nombre indéterminé de provinces & de royaumes distingués chacun par des noms propres. Parmi ces royaumes (dont l'état géographique est très confus), l'on en démêle un qui comprenoit spécialement le Korassan, & avoit pour capitale la ville de Balk. Il etoit gouverné par des Rois indigènes (dont l'origine se perd avec celle de la nation, dans les ténèbres de la Mythologie). Ce fut dans ce pays que Zoroastres promulgua une religion nouvelle (ou plutôt

---

(1) Tum Semiramedis & Zoroastris Magi natalia subjungit (Cephalio.) Syncel. p. 167.

(2) Mos. choren. p. 47. & 48.

(3) Apud. Just. p. 1.

(4) Diog. laert. in præmio.

(5) *Voy*. le Zend-Avesta imprimé à Paris en 1771 in-4°. trois volumes : ouvrage dont il paroît qu'on n'a point assez senti l'importance.

(6) Vie de Zoroastres. Zend-Avesta. Tom. II.

une

» une modification de l'ancienne). Le Roi
» d'alors nommé Guftasp, reçut avidemment
» cette innovation, & bientôt devenu profé-
» lyte enthoufiafte, apôtre perfécuteur, il ré-
» folut d'étendre, par les armes, le fyftême ar-
» bitraire de fa croyance ; en conféquence, il
» fit la guerre à plufieurs princes voifins, &
» entr'autres à *Ardjasp*, Roi du *Touran*. Ce
» Royaume, fitué au couchant du Koraffan,
» étoit un des plus puiffans de ces contrées.
» *Afrafiáb*, l'un de fes Rois, & ayeul d'*Ardjafp*,
» avoit fait des guerres longues & fanglantes,
» aux *Iranians* de Balk (il paroît même qu'il
» les avoit rendus tributaires). Ces guerres re-
» commencèrent fous *Ardjasp*, qui battu d'a-
» bord vainquit enfuite les *Iranians*, leur em-
» porta d'affaut la ville de Balk & la réduifit
» en cendres ».

On demanderoit vainement aux Parfes de
claffer ces faits dans la férie des tems : depuis
long-tems ils en ont perdu le fil : tout ce qu'ils
favent, c'eft que ces événemens appartiennent
à la plus haute antiquité; il faut chercher ailleurs
des éclairciffemens & des complémens à ces
connoiffances imparfaites.

Ce que les livres modernes de l'Afie appellent
Balk & *Koroffan*, les Grecs l'ont connu fous le
nom de *Baĉtre* & *Baĉtriane*. Recherchons dans
ce qu'ils nous en apprennent ce qu'ils peuvent
avoir d'analogue.

Dès le tems de Darius, fils d'Hyftapes, la
Baĉtriane étoit réduite en province, & formoit
l'une des vingt fatrapies de l'empire 1). C'étoit
Cyrus qui en avoit fait la conquête comme
nous l'apprend Ctéfias (2): & l'on induit bien
d'un paffage d'Hérodote que ce fut peu après
la guerre de Lydie (3).

Sous les Mèdes, l'état de la Baĉtriane peut
être équivoque ; mais il ne l'eft point fous les
Affyriens ; elle fut province de leur empire,
comme le prouvent ces paffages de Ctéfias en
Diodore. Lib. II. p. 138 & 139.

« *Sardanapal* ayant appris la révolte de Be-

» lefys & d'Arbaces, marcha contre eux avec
» les troupes des nations qui lui reftoient fi-
» dèles..... & il en manda de nouvelles de
» toutes parts..... Or Arbaces ayant appris
» qu'une armée envoyée de *Baĉtriane* au fe-
» cours du Roi, s'approchoit à grandes jour-
» nées, il alla au-devant, & conjura les Géné-
» raux de s'unir à lui dans une caufe qui leur
» étoit commune.... Et les *Baĉtriens*, féduits
» par l'appât de la liberté, s'unirent aux confé-
» dérés (4)

L'état d'indépendance dont parlent les livres
orientaux eft donc antérieur même à Sardanapale.

« Or Ninus fit la guerre aux Baĉtriens, &
» a'ors régnoit chez eux *Oxy-Artes* (5).

Nous voici déformais arrivé au tems des Rois
indigènes en queftion ; la petite note de l'anonyme, *Arius, petit fils de Ninus, acheva de
dompter les Baĉtriens*, nous donne l'époque de
la deftruĉt on de ce royaume & de fa réduĉtion
en province ; en forte que par cet appointement des orientaux & des Grecs, nous formons
une chaîne continue de tems dont ceux ci fourniffent la partie inférieure, & ceux-là la fupérieure ; que fi l'on confronte attentivement les
détails de l'ancien & du moderne, on y trouvera une identité complette de faits, de perfonnages & même de noms, & l'on demeurera
convaincu qu'ils ont puifé aux mêmes fources.

Le tableau fuivant rend cette vérité très-
fenfible.

Récit de Mirkond & des livres Parfes.	*Récit de Diodore, lib. II.*
Afrafiab, Roi du Tour-an ou Tur-queftan, fit plufieurs expéditions contre le royaume de Balk. L'un des Rois qu'il combattit demeuroit en cette ville......	Ninus, Roi d'Affy-rie, (appellée auffi Atourie) fit deux ex-péditions contre les Baĉtriens... Oxyartes régnoit alors à Baĉtre. Il fut attendre l'enne-mi dans des défilés.....

---

(1) Herod. lib. III. p. 243 & 245, & tel fut fon état jufqu'au tems d'Alexandre.

(2) Frag. de Ctéfias à la fin de l'Hérodote. p. 813.

(3) Herod. lib. I. p. 74. Capto Cræfo..... Reverfus eft Cyrus agbatana..... quandoquidem ei *obftaculo erat* Babylon, & Baĉtriana gens, & Sacæ, & Ægyptii.

Antiquités, Chronologie. Tome III.

(4) Il eft donc probable que les Baĉtriens furent indépendans fous les Mèdes ; auffi Xenophon leur donne-t-il un Roi au tems de Cyrus. Cyroped. p. 114. Cependant Ctéfias n'indique rien de femblable. Frag. cité.

(5) Diod. lib. II. p. 117 & 118.

La route d'Afrafiab eft décrite à travers un pays de défilés, & il fut d'abord battu, puis il battit les Iranians, & il régna dans Balk.

& il engagea un combat dans lequel il eut d'abord du deffus; mais les Bactriens, accablés par le nombre, furent à la fin mis en déroute; & Ninus prit la ville de Bactre.

Dans ces récits, l'on ne peut douter de l'identité d'Afrafiab & de Ninus. L'A-tour-ia eft évidemment le même pays & le même mot que le *Tour-an* des livres Zends : & le *Turkeftan* de Mirkond n'en eft que la traduction. On ne trouve point, il eft vrai, d'Oxy-artes chez les orientaux, mais je ne crois point ce nom propre & individuel; il me paroît compofé d'*Oxus-Arfta*, qui peut fignifier *prince de l'Oxus*, fleuve principal de la Bactriane, le même que le *Gihoun* dont il eft beaucoup parlé dans l'hiftoire d'Afrafiab. Les défilés qui féparoient les deux Etats font les fameufes *portes Cafpiennes*. En prenant Ninus pour Afrafiab, Diodore, ou plutôt Ctéfias, fon auteur, peint du tems de ce prince, un état géographique, qui convient à celui des Parfes. L'Affyrie (1) formoit alors un Royaume, l'Arménie un autre, la Médie un troifième, la Bactriane un quatrième, & il paroît que ce qui fut par la fuite la Babylonie & la Perfe, étoit alors divifé en un nombre de petits Etats.

Le même auteur a connu Zoroaftres tel qu'il reparoît aujourd'hui fous les traits d'un de ces légiflateurs religieux, qui ont impofé des croyances aux nations.

(2) *Chez les Arians* (dit Ctéfias), *Zathrauftes confacra le dogme des deux principes* (du bon & du mauvais); & Diodore compare Zathrauftes au Zamolxis des Gètes, & au Moyfe des Hébreux.

Le nom d'*Arians* retrace évidemment celui d'*Iranians*, qui reparoît aujourd'hui dans les livres Zends. On le retrouve auffi attribué aux Mèdes dans une antiquité qui fe confond avec celle-ci. *Jadis*, dit Hérodote (3), *les Mèdes s'appelloient Ariens*, & une de leurs provinces garda le nom d'*Aria*.

Trogue Pompée avoit quelques notions de la part qu'eût Zoroaftres dans les guerres des Affyriens & des Bactriens, comme le prouve ce paffage (4) : *Ninus, Roi d'Affyrie, fit la guerre à Zoroaftres, Roi de Bactriane, que l'on dit avoir inventé la magie & les enchantemens.*

Ce caractère d'enchantemens & de magie convient très-bien à l'idée qu'on s'eft formée de Zoroaftres; le titre de Roi eft moins exact, & me paroît une erreur, née fans doute de l'équivoque du rôle principal que joua Zoroaftres dans ces événemens.

L'oppofition de Zoroaftres à Ninus s'accorde encore avec une tradition des Zoroaftriens de nos jours, qui croyent que leur prophête vécut du tems de ce prince (5).

Cette tradition ne s'éloigne pas d'une autre des orientaux, qui, défignant Zoroaftres fous le nom d'*Horrès* (6) prétendent qu'il vécut du tems de Salomon : or en fuppofant Ninus contemporain de David, Zoroaftres, qui vécut foixante-dix-fept ans, a dû prolonger fa carrière affez avant dans le premier fiècle du temple : & cette conjecture eft d'autant plus probable, qu'il fut en partie contemporain d'*Ardjasp* ou *Ariaf* (comme l'écrit Mirkond), le même qu'*Arius*, petit fils de Ninus, ce qui fe démontre par le tableau qui fuit :

Ardjasp (ou Ariaf), *petit-fils d'Afrafiab, recommença la guerre... Il eut d'abord du deffous; mais enfin il battit les Iranians, prit & faccagea la ville de Balk.*	*Arius, petit-fils de Ninus, recommença la guerre), & acheva de dompter les Bactriens.* Et depuis ce tems il n'en eft plus parlé que comme de fujets de puiffances étrangères.

---

(1) Diod. lib. II.

(2) Diod. lib. I. p. 105. *Zathrauftes bonum genium apud Arianos.* Les imprimès portent *Arimafpos*; mais notre leçon eft celle de plufieurs manufcrits. Arnobe nous apprend que le premier livre de Ctefias traitoit particuliérement du Mage Zoroaftres *Bactrien.* Arnob. lib. I.

(3) Herod. lib. VII. p. 539.

(4) Trog. pomp. Ap. juft. lib. I. p. 1.

(5) *Voy.* Mém. de l'Acad. des Infcr. & Belles-Lettres. Tom. XII, in-4°. Differt. fur le fabiifme, par Fourmont.

(6) Ceci s'encadre fingulièrement dans un paffage de Clément d'Alexandrie, qui dit qu'un des noms de Zoroaftres fut *Er.* Or ce nom ne diffère en rien de *Horrès.* Clem. Alex. Strom. lib. I. p. 598.

Et tout-à-coup l'hiftoire des Parfes s'obfcur-cit & fe perd dans un cahos d'invraifemblances & d'abfurdités, telles qu'en cinq générations elle arrive à Afcander (Alexandre), fans cependant acculer l'interruption de l'ordre généalogique. (*Voy. Boundehefch*. Zend. avefta, tom. III.)

Dans cette période, il eft évident que les livres orientaux ont une lacune énorme: ils fautent toute la durée des empires Affyrien, Mède, Babylonien & une partie des premiers Perfes: & ce ne font pas là les feuls défauts qu'on ait à leur reprocher. Leur Géographie eft dans le défordre le plus étrange; on y trouve partout le moderne & l'antique confondus & fubftitués; ils tranfportent au fiècle de Zoroaftres des dénominations, des divifions parthes, tartares, arabes, &c. Tel eft fur-tout le défaut des écrivains mahométans, qui, dans les traductions ou les extraits qu'ils ont fait des livres anciens, ont totalement défiguré le tableau des tems antérieurs à Mahomet. Les livres des Parfes eux-mêmes font altérés, & jufqu'à ce jour nous ne pouvons nous flatter de poffeder aucun original bien ancien. Nous n'avons que des compilations où l'ignorance des auteurs a introduit des erreurs qui donneront bien de l'embarras aux critiques: cependant on ne fauroit trop encourager la littérature orientale; fi elle préfente de grandes difficultés, elle offre auffi de grands fuccès, & l'efpoir de connoiffances entièrement neuves. C'eft d'elle fur-tout qu'il faut attendre la folution de tous les problêmes qui tiennent à la première antiquité.

Par-tout ce qui a été dit dans cet article & dans le précédent, il eft prouvé, 1°. que les premiers tems de l'empire affyrien font parallèles aux premiers Rois Hébreux; 2°. qu'ils concourent avec les derniers tems d'un royaume (la Bactriane), qui n'a point été connu avant ce jour; 3°. que Zoroaftres a vécu dans ce pays à l'époque de la fondation du temple. Nous n'avons point, à la vérité, fur tous ces faits, des connoiffances précifes au jour & à l'année; c'eft à des recherches ultérieures qu'il faut les demander; mais du moins n'avons-nous pas des erreurs de cinq ou fix cents ans, telles qu'elles ont généralement fubfifté jufqu'à ce moment. De cette efpèce étoit par exemple l'opinion de ceux qui ont fait Zoroaftres contemporain de Darius Hyftapide. Ce fyftême fut imaginé dans les premiers fiècles du chriftianifme, & l'équivoque des noms de Guftasp (1) & Huftasp ou Hyftasp, en fut la caufe, comme il en eft l'unique preuve. On a voulu fuppofer qu'il avoit exifté plufieurs Zoroaftres; mais c'eft une erreur auffi dépourvue de fondement.

____

(5) Cet équivoque femble fait pour tromper. Par un inverfe de l'erreur des Grecs, quelques orientaux modernes placent *Diamafp*, célèbre philofophe Zoroaftrien fous *Guftap*, parce qu'ils ne connoiffent point le fils d'*Hyftapes*.

Je ne parle point des anachronifmes de ces Grecs, qui ont fait Zoroaftres antérieur de 500 ans à la guerre de Troye, les autres de fix mille à Platon. Ces erreurs font fi groffières, qu'il n'y a que des fautes typographiques, inférées dans les originaux ou les copies, qui puiffent en rendre raifon.

CHAPITRE XII.

Supplément à la Chronologie des Hébreux.

J'AVOIS d'abord compté terminer ici ces recherches chronologiques ; mais un heureux hasard m'ayant procuré des rapprochemens nouveaux, je me suis vu en état de compléter la partie des Hébreux ; c'est pourquoi je vais la reprendre, & achever d'établir les temps qui précédèrent David, autant qu'ils en sont susceptibles.

Le règne de Saül se présente d'abord, & il donne idée des difficultés dont est hérissée cette partie.

Saül, dit le texte hébreu, *étoit âgé d'un an quand il régna, & son règne dura deux ans* (1).

L'erreur de ce passage est si manifeste, que les commentateurs même n'ont pu se la dissimuler. Pour la pallier, ils ont supposé que l'écrivain avoit voulu dire que *Saül étoit pur comme un agneau d'un an quand il régna ;* mais de pareilles interprétations ne sont bonnes que pour des paraphrastes mystiques.

Il est également impossible que Saül n'ait régné que deux ans. Toute son histoire dépose contre cette durée ; il est un fait entr'autres qui la dément avec une évidence qu'on ne peut éluder. Il est dit que *David étoit jeune lorsqu'il fut présenté à Saül :* on ne peut lui donner alors plus de dix-huit à 20 ans ; & l'on rapporte ensuite *qu'il en avoit 30 quand il lui succéda.* On doit donc reconnoître que le texte a été altéré en cet endroit, ainsi qu'en beaucoup d'autres. Les chiffres ont disparu dans les rédactions qui se firent des monumens originaux ; il s'agit de restituer cette lacune.

Nous admettrons d'abord avec Origènes 30 ans pour l'âge de Saül quand il régna ; & comme ce point n'est pas important, nous n'entrerons pas en preuve.

Quant à son règne, nous trouvons qu'il fut de 20 ans ; c'est l'opinion des plus anciens écrivains, qui sans doute ont eu pour garant quelque manuscrit. *Les Rois*, dit l'historien Josephe (2), *régnèrent* (tant) *d'années, y compris les 20 de Saül.* Ailleurs il répète (3), que Saül régna 18 *ans* du vivant de Samuel, & *deux ans* après la mort de ce prophète. Il est vrai que les imprimés portent 22 au lieu de 2 ; mais notre lecture est celle de plusieurs manuscrits très-estimés, & de divers anciens qui ont suivi Josephe (4).

Il est remarquable que le rédacteur des actes des Apôtres a lu comme nos imprimés (5) ; car il fait dire à Saint Paul, que Saül régna 40 ans. Cet écrivain auroit il suivi les manuscrits de Josephe, représentés aujourd'hui dans les imprimés ? ou bien cette erreur appartient-elle à un auteur antérieur, même à Josephe ? C'est ce qu'il est difficile de décider. Quoi qu'il en soit, ces *vingt-deux* ans sont une erreur qui paroît venir d'une note, mise d'abord à la marge, où l'on résumoit les vingt ans de Saül, & qui depuis, passant dans le texte, a doublé la somme. Les anciens fournissent bien des exemples de ces accidens.

Notre lecture est autorisée d'Eupolème, écrivain grec très-ancien ; & le suffrage de cet historien a beaucoup de poids, parce qu'il avoit travaillé immédiatement sur les livres hébreux, & qu'il étoit très-bien instruit sur leurs antiquités, comme le prouve ce fragment (6).

Moyse gouverna.................40 ans.
Jesus, fils de Navé.............30
Saül mourut vers sa.............21^e
David.........................40, &c.

---

(2) Ant. Jud. lib. X. c. 8. n°. 4.

(3) Ibid. lib. 6. c. 14. n°. 9.

(4) *Voy.* à ce sujet la note d'Havercamp. *Ultimo loco citato.*

(5) C. 13. v. 21.

(6) Apud Euseb. præp. evang. p. 447.

---

(1) V. *Samuel*, lib. I.

Ainſi nous donnerons vingt ans de règne à Saül (1).

Les rédacteurs ſe ſont épargnés la peine de ſe tromper ſur le temps de Samuel : ils n'en ont rien dit directement. Seulement ils nous apprennent qu'il jugea pluſieurs années ; & qu'ayant commencé de vieillir, le peuple le contraignit de nommer un Roi. Mais il leur eſt échappé une petite diſtraction qui va encore réparer cette lacune.

Il eſt dit, qu'après la mort d'Héli, l'arche qui avoit été priſe à la bataille d'Aphec, puis rendue ſept mois après, fut transférée à Gabaa. *Or, elle y reſta long-temps dépoſée, & il s'écoula vingt ans, pendant leſquels Iſraël vécut en paix* (2).

On ne peut entendre ces *vingt ans* de tout le temps que l'arche demeura à Gabaa, juſqu'à ce que David l'en retira (3). Ils ne peuvent ſe prendre que pour celui qui s'écoula depuis la mort d'Héli, juſqu'au règne de Saül, c'eſt à dire, pour la judicature de Samuel ; & cela eſt clairement indiqué par ces mots : *Il s'écoula 20 ans, pendant leſquels Iſraël vécut en paix.* Car cette paix n'a pu avoir lieu que ſous Samuel, qui paroît en effet avoir gouverné paiſiblement. Saül au contraire, ſitôt qu'il fut ſacré, commença la guerre, & la fit toute ſa vie (4) Ces vingt ans ſeront donc le temps de Samuel ; plus, les ſept mois que l'arche reſta chez les Philiſtins depuis la mort d'Héli.

____

(1) En général, le livre de Samuel n'eſt pas fort exact en chronologie. On y trouve deux autres *abſurdités* révoltantes ; 1°. Il eſt dit qu'Isboſeth avoit 40 ans quand Saül ſon père mourut (a). Après avoir dit que Saül régna un an, & en vécut deux, comment oſe-t on dire qu'Isboſeth ſon fils en avoit 40 ? D'ailleurs, lors même que Saül eût vécu 60 ans, ces 40 ans d'Isboſeth ſeroient faux, puiſque Jonathas, ſon frère aîné, à cette époque, n'étoit que de l'âge de David, qui avoit 30 ans.
2°. Il eſt dit (ibid) qu'Isboſeth régna deux ans ; ce qui eſt encore faux ; car on aſſure ailleurs que la maiſon de Saül régna 7 ans et demie ſur Iſraël, tandis que David régnoit ſur Juda ; & Isboſeth ne périt qu'à la huitième année. C. 3 & 4.

(2) Samuel, lib. I. c. 7. v. 2.

(3) Ibid. lib. II. c. 6.

(4) Samuel I. c. 14. v. 2.

(a) Lib. II. c. 2. v. 10.

Au-deſſus de Samuel, il n'eſt plus poſſible de faire un pas ſéparément. Toute la période des juges ſe tient par un nœud indiſſoluble de difficultés, dont la ſérie ſe prolonge juſqu'à l'origine première. Pour entreprendre de les réſoudre, il faut en reprendre la chaîne par les premiers anneaux : nous ne remonterons point au-deſſus d'Abraham par des raiſons qui ſeront expliquées dans la ſuite.

A cette hauteur, il ſe préſente une difficulté d'une eſpèce étrangère à tout ce que nous avons vu juſqu'ici. C'eſt la durée de la vie. On ne voit point ſans étonnement les âges prodigieux des hommes d'alors, & le terme commun de leur vie excéder du double celui de nos ſiècles. Quoi ! les loix de la nature étoient-elles jadis différentes de ce qu'elles ſont aujourd'hui ? Exiſtoit il donc un autre ordre phyſique ? On ſeroit tenté de le croire, d'après les récits que tous les peuples font de la haute antiquité. En effet, Egyptiens, Kaldéens, Indiens, Chinois, Bactriens, tous s'accordent à nous repréſenter un état abſolument contraire à l'état actuel, ce ne ſont que prodiges de toute eſpèce ; mais quand on y regarde de plus près, on s'apperçoit que tous les monſtres des traditions n'ont eu qu'une exiſtence apparente ; non, ce n'eſt point dans l'ordre immuable des êtres qu'eſt leur ſiége, c'eſt dans le cerveau de l'homme ; c'eſt dans ſon imagination, dont la glace infidelle ne réfléchit point les objets tels qu'ils ſont : & dans les tableaux extravagans qu'elle aſſemble, ce n'eſt point le déſordre de la nature qu'elle peint, c'eſt le ſien propre. De bons eſprits l'ont déjà ſenti, & l'on ne ſauroit trop le répéter, tous les prodiges de l'antiquité ont leur raiſon dans l'entendement de l'homme, & prennent leur ſolution dans le ſyſtême intellectuel. Le ſujet préſent en eſt un exemple.

On ſe trompe quand on imagine que les âges prodigieux des anciens furent en effet ce qu'ils ont l'apparence d'être : la cauſe de cette erreur gît dans l'équivoque d'un mot. Dès long-temps l'uſage s'eſt enraciné de donner *douze mois à l'année* ; & l'empire de l'habitude a tellement prévalu, que ce mot d'*année* emporte preſque néceſſairement aujourd'hui l'idée de *douze mois.* Cependant il eſt très certain qu'elle ne fut point ainſi compoſée dans tous les tems. Avant ce jour, ceci eût demandé une longue diſſertation ; mais déſormais que cette vérité commence à s'établir, nous n'aurons pas befoin d'infifter fur les preuves. Les Savans ont enfin reconnu que les *années* dans la haute antiquité furent d'efpèces diverfes, & très-différentes des nôtres ; ayant été compofées tantôt de fix mois, tantôt de quatre, de trois, & même d'un feul. Cette découverte, qui appartient à notre fiècle, en même-temps qu'elle lui fait honneur, prouve combien nous fommes tardifs en connoiffances ; il y a plus de quinze cents ans que les philofophes avoient dit & répété, ce qu'on a renouvellé de nos jours ; & c'étoit un fait avéré chez les anciens, comme on en a mille preuves.

« *L'an* le plus ancien d'Egypte, dit Cenfo-
» rinus (1), fut de deux mois ; Orus le fit de
» trois ; le Roi Pifon de quatre ; enfin il fut
» porté à 12.

» Les Cariens & les Acarnaniens, dit-le mê-
» me auteur, ont eu des années d'un mois ; les
» anciens Arcadiens, de trois mois ».

Pline (2) l'Ancien a fur-tout un paffage remarquable, dans lequel, après avoir rapporté une foule de faits de cette efpèce, & cité des hommes qui avoient vécu deux, trois, cinq, & même huit fiècles, il ajoute :

« S'étonner de ces âges, & les regarder
» comme furnaturels, c'eft ne pas connoître le
» génie de l'antiquité, où l'*année* eut des valeurs
» bien différentes de celles qu'on lui donne au-
» jourd'hui ; les uns faifant un an de l'été &
» un an de l'hiver : d'autres, comme les Arca-
» diens, compofant l'année de trois mois :
» d'autres, comme les Egyptiens, d'un feul.
» Auffi ont-ils des Rois qu'ils rapportent avoir
» vécu mille ans (3) ».

Après de pareils éclairciffemens, n'eft-il pas étonnant qu'on ait autant tardé de trouver la folution du problême des grands âges des anciens ? D'ailleurs, fi l'on y réfléchit, rien n'eft plus naturel que cette marche. En effet, le temps eft fufceptible d'une multitude de divifions, felon les différentes mefures qu'on lui donne. Il eft divifé en jours ou *foleils*, en lunes ou mois, en quartiers de lune, en faifons,
en tropiques ou équinoxes, &c. Dans cette foule, le choix eft indifférent, arbitraire par conféquent, & variable. L'homme né ignorant n'a pu d'abord fe fervir que des plus fenfibles ; il n'a dû s'élever que par une longue gradation des plus fimples aux plus compofées ; ainfi, l'on dût d'abord compter par jours, puis par mois, par faifons, &c. & l'*année* de douze mois étant la plus compofée, on ne dût la connoître que la dernière, & l'employer que fort tard ; & les faits font en ceci parfaitement d'accord avec le raifonnement ; car on remarque généralement chez tous les peuples qui tiennent à une haute antiquité, que toutes leurs généalogies commencent par ces âges extraordinaires ; c'eft un efprit commun aux Egyptiens comme aux Chinois ; aux Indiens comme aux Kaldéens ; aux Bactriens comme aux Grecs, & par une autre reffemblance, ces grands âges, tous placés dans des temps obfcurs & lointains, diminuent à mefure qu'on fe rapproche, & terminent toujours aux temps connus par fe ranger au terme actuel.

Ce qui choque nos oreilles en ceci, c'eft d'entendre dire des années d'*un mois*, d'*une faifon*, parce que l'habitude a rendu en nous inhérente *l'idée de douze mois* au mot *année* : mais pour fentir combien cette répugnance eft mal fondée, il ne faut que rappeller ce mot à fon fens propre & originel. *Année*, tiré du mot latin *annus*, qui a fait le diminutif *annulus*, fignifie proprement un *cercle*, un *anneau*; en cette qualité, *l'année* fut d'abord le terme générique de toute portion de temps mefurée par la *révolution circulaire*, d'un aftre quelconque ; ainfi il convint à un feul mois comme à plufieurs, puifque le mois eft mefuré par une révolution de *lune*, & qui plus eft, au jour mefuré par la révolution (apparente) du foleil ; & ce fut fans doute fon premier fens ; auffi l'*aïn* & l'*aon* oriental, d'où vient l'*an-nus* des Latins, veulent-ils dire en fens propre le *foleil*. Une fois devenu le dénominateur d'une période, il fut appliqué à toutes les autres ; & c'eft par cette raifon qu'on l'employa pour des périodes plus compofées encore, que l'*année* de douze mois ; telles que l'*année* olympique, de 1461 jours ; l'*année* fothique de 1461 ans ; l'*année* de 600 ans ; la grande *année* qui eut différentes évaluations depuis 24,000 & 36,000 jufqu'à 300,000 ans. Un ancien avoit dit tout cela avant ce jour : l'*année*, dit Macrobe, n'eft point bornée au fens que l'habitude ancienne & générale lui

---

(1) Dedic. natali.

(2) Lib. 7. c. 49.

(3) *Voy. à ce fujet Diodore, Varron, Macrobe, Plutarque in Numâ, Eudoxe in procli commenter ad Ti-
mæum.*

fait maintenant donner ; mais toute *révolution* d'aftre ou de planete forme une *année* : ainfi le mois eft l'*année* de la lune ; ainfi, le retour des fixes au même point du ciel qui ne s'accomplit, felon quelques-uns, qu'en 15,000 ans, eft une *année* (1).

Dans l'ufage civil, le nom d'année refta à la révolution de douze mois, parce qu'elle épuife tous les changemens fenfibles de la nature ; & par le laps des temps, elle fit oublier toutes les autres valeurs. Quand par la fuite on recueillit les monumens, les rédacteurs, qui ignorèrent ou négligèrent ce fait, introduifirent les erreurs qui nous donnent aujourd'hui tant de peine. Ces erreurs eurent lieu chez tous les peuples, parce que les langues eurent toutes les mêmes équivoques ; le *fare* des Kaldéens, le *fchiné* des Hébreux n'avoient également que le fens générique & vague de *révolution*.

Un écrivain moderne (2), cité par M. Bailly, a déja retiré de cette idée les folutions très-heureufes, & en a fait plufieurs applications. Mais je ne fache pas qu'on l'ait encore fait aux Hébreux. Cependant ils l'exigent manifefte-ment. Je ne parlerai pas des perfonnages anté-rieurs à Tharé, parce que n'étant rien moins que des êtres humains, leur âge n'eft point fuf-ceptible de cette explication ; mais depuis Tharé & même Nachor, il eft inconteftable que les années n'ont point été de l'efpèce des nôtres, mais bien de fix mois, comme on l'in-fere de plufieurs indications.

1°. Si l'on réduit à moitié la durée de la vie de tous les hommes cités à cette époque, on la voit revenir au terme commun de la vie ac-tuelle, comme on peut s'en convaincre par ce tableau.

	Age d'engendr.	mort.	Age d'engendr.	Mort.
	Ans de fix mois.		Ans de douze mois.	
Nachor	79	148	39 $\frac{1}{2}$	74
Tharé	70	145	35	72 $\frac{1}{2}$
Ab-raham	100	175	50	87 $\frac{1}{2}$
Sara	90	127	45	63 $\frac{1}{2}$
Ifaac	60	180	30	90
Amram	80	137	40	68 $\frac{1}{2}$
Ifmaël		137		68 $\frac{1}{2}$
Jacob		147		73 $\frac{1}{2}$
Jofeph		110		55
Lévi		137		68 $\frac{1}{2}$
Caath		133		66 $\frac{1}{2}$
Moyfe		120		60
Jofué		110		55

Une circonftance de la vie de Sara vient à l'appui : en nous apprenant qu'elle avoit 90 ans lorfqu'elle engendra Ifaac, l'écrivain ajoute, qu'elle avoit perdu (depuis quelque temps) ce qui, chez les femmes, a coutume d'être le figne de la faculté d'engendrer. Or, chez les fem-

---

(1) Annus non is folus quem nunc communis ufus (1) appellat ; fed fingulorum feu aftrorum feu planetarum emenfio, omni cæli circuitu, a certo loco ad eundem locum reditus annus fuus eft. Sic lunæ menfis annus eft ; fic & magnus annus qui, &c.

(1) Saturn. p. 62. verfo.

(2) M. Gibert. V. l'Aftro. ancienne, p. 373, & l'en-cyclopédie art. CHRONOLOGIE.

mes, ceci arrive précisément vers 45 ans, moitié de 90.

A ces preuves physiques, & par cette raison irrécusable, il s'en joint d'une expression positive. Nous trouvons dans l'histoire de Moyse des détails qui non seulement confirment ce que nous avançons, mais encore qui déterminent les époques de ce genre d'année.

Lors de la grêle qui fut la 7ᵉ. plaie, il est dit que l'orge étoit en tuyau, le lin en graine; le bled au contraire & le froment n'étoient encore qu'en herbe. Ces circonstances répondent dans l'Egypte au mois de février. Plusieurs jours après, il est dit (1): *Voici le premier de vos mois qui arrive:* (2) donc le premier mois étoit mars, & l'année commençoit à l'équinoxe vernal. Or il est dit en un autre endroit (3): *Vous célébrerez la fête des Tabernacles à la fin de l'année, quand vous aurez ramassé votre dernière récolte.* Si la fin de l'année arrivoit après la récolte des derniers fruits, cette récolte qui, dans la Palestine, tombe à la fin d'août, prouve que l'année finissoit à l'équinoxe d'automne, qu'elle étoit par conséquent de six mois.

Contre ceci, il se présentera bien des objections; car il est parlé d'une année de douze mois au temps du déluge; d'un septième & d'un onzième mois au temps de Moyse, toutes choses qui semblent détruire ce que j'avance: ces difficultés seront en effet insolubles pour ceux qui croyent au déluge de Noé comme à un événement historique, qui regardent le Pentateuque comme l'ouvrage immédiat de Moyse; mais elles tomberont au néant quand nous aurons établi sur ces deux articles des idées plus justes. Quand on sera convaincu que le Pentateuque n'est qu'une compilation qui n'a pu avoir lieu avant Josias, & qui a été retardée probablement jusqu'au temps de la captivité, on concevra que les rédacteurs ont altéré les traces d'un état dont ils n'ont pas eu des idées bien justes; qu'ils ont accommodé à la distribution, en usage de leur temps, celle qui étoit tombée en désuétude depuis plus de six cents

ans (4). C'est par cette raison qu'on fait mention d'un *septième* & d'un *onzième* mois, dont il n'étoit certainement point question dans les livres originaux.

Nous avons encore une preuve dont on n'a point soupçonné l'existence dans le jubilé que Moyse prescrivit tous les 50 ans. Chez tous les anciens peuples, la fin de toute période étoit une fête solemnelle, un vrai jubilé; tels furent les jeux *olympiques*, les *néméens*, les *pythiques*, les *séculaires*, les *saturnales*, &c. Par identité d'esprit, le jubilé des Hébreux eût le même motif d'institution. Moyse, qui ne fut inventeur de rien, en tira l'idée des Egyptiens, ou de tout autre peuple. Or dans les années de douze mois, il n'existe aucune période de 50 ans; mais en prenant ces 50 années pour des années de six mois, & les réduisant à 25 des nôtres, on trouve un cycle de 25 ans, qui fut une période lunaire en usage chez les Egyptiens. Et quand j'attribue à Moyse des idées astronomiques, je ne suis pas fondé seulement sur des faits qui, cependant suffisent; mais j'ai encore un témoignage exprès en ma faveur; c'est celui d'Appion, ancien écrivain critique, dont Josephe (5) cite ce passage curieux:

« Moyse, prêtre d'Héliopolis, employa » pour gnomons des colonnes, qu'il appuyoit » sur une espèce de *nacelle:* l'ombre qui de la » pointe de ces colonnes tomboit sur le plan » de la nacelle, y décrivoit les mêmes routes » que le soleil décrit dans les cieux ».

D'un pareil fait on a droit sans doute de conclure que si Moyse s'occupa d'astronomie, elle entra pour quelque chose dans les institutions.

Il est donc constant que l'usage des années de 6 mois existoit au tems d'Abraham & de Moyse. Il paroît même qu'il régnoit alors dans l'Egypte, dans la Phénicie, & à coup sûr dans la haute Asie, où il accompagna un système religieux dont il est le type, le *dualisme* de Zoroastre (6).

---

(1) Exod. c. 12. v. 2.

(2) Et non point comme traduisent des ignorans, *ce sera le premier de vos mois.*

(3) Exod. c. 23. v. 16. Deut. c. 15. v. 13.

(4) C'est ce qui a dû arriver si les livres trouvés par Helcias, au tems de Josias, étoient réellement de la main de Moyse.

(5) Contr. app. lib. II.

(6) Il semblera peut-être contradictoire d'admettre les années de six mois, quand la révolution tropique & les 12 signes étoient connus; mais cela n'est pas plus incompatible que de diviser le jour astronomique en deux parties, ainsi que nous le pratiquons.

Ainsi,

Ainfi, pour avoir en termes ordinaires la valeur des tems mentionnés à cette époque, il faut tout réduire à moitié. Les 40 ans du défert ne feront donc réellement que vingt de nos années, & les quatre cent-trente (3) qui s'écoulèrent depuis l'arrivée d'Abraham en Paleftine jufqu'à la fortie d'Egypte, n'en feront que deux cent quinze.

. Mais les années de fix mois ne cefferent point tout-à-coup, & quoique nous n'ayons pas de preuves de leur exiftence après Jofué, nous avons cependant des raifons légitimes de l'inférer. L'embarras eft d'affigner l'époque de leur réforme. Malheureufement cet événement important eft arrivé dans des tems d'ignorance & d'anarchie fur lefquels les Hébreux n'ont rien confervé d'exact. Toute la période des juges eft un cahos ; ce que les livres nous en apprennent n'eft que contradiction ; peut-être même eft-il impoffible de leur donner un état précis & certain. Néanmoins comme l'on y commet des erreurs trop palpables, nous allons les relever, & donner ce que nous voyons de plus probable.

Faifons d'abord le tableau de ces tems tel que le préfentent les livres.

Jofué	Tems omis	
Une génération		Jofué. chap. dernier, & Juges ch. 1er.
Servitude fous Kufan	8 ans	Jug. c. 2.
Finie par Othoniel. Paix de	40	Jofué. c. 15. v. 16. Jug. c. 3. v. 11.
Servitude fous Eglon	18	Jug. c. 3. v. 14.
Finie par Aod. Repos de	80	Ibid. v. 30.
Samgar	Tems omis	
Servitude fous Jabin	(20)	Ibid. c. 4. v. 3.
Finie par Debora. Repos de	40	Ibid. c. 5. v. 32.
Servitude fous les Madianites	7	c. 6. v. 1.
Finie par Gédéon, qui juge	40	c. 8. v. 28.
Abimeleck	3	c. 9. v. 22.
Thola	23	c. 10. v. 2.
Jaïr	22	Ibid. v. 3.
Servitude fous les Philiftins & les Amonites	18	v. 8.

$$319$$

Jephté juge	6	c. 12. v. 7.
Abefan	7	v. 9.
Ahialon	10	v. 11.
Abdon	8	v. 14.

$$31$$

Servitude fous les Philiftins	40	c. 13. v. 13.
Tems de Samfon	20	Jug. c. 16. v. 31. c. 14 v. 4.
D'Héli	40	Samuel. lib. 1. c. 4. v. 18.
Samuel	omis	
Saul	2	
David	40	
Salomon	4	

$$496 \text{ ans.}$$

Lorfqu'on examine avec attention cette chronique, on la trouve pleine de contradictions. L'auteur faifant parler Jephté, lui fait dire qu'il s'étoit paffé 300 ans depuis l'entrée en

____

(1) *Voy.* la bible d'Houbigant. Exod. c. 12. v. 40.

Antiquités. Chronologie, Tome III. k

Palestine ; cependant il en compte 319, & le tems de Josué & de la génération suivante est omis. Le rédacteur des rois résumant les années depuis la sortie d'Egypte jusqu'à la fondation du temple, en compte 480; cependant il faut ajouter les 40 du désert, le tems de Josué & de la *génération* qui suivit, & la durée de Samuel & de Saül.

Bien plus, la succession des juges a souffert des interruptions, & il y a nombre d'interrègnes omis. Comment résoudre tant de difficultés ? Pour peu qu'on discute ces calculs, on s'appercevra que la confusion vient de surabondance, & cette surabondance a deux causes ; 1°. les années de six mois, qu'on y employe certainement dans une assez longue période pour des années de douze, & qui n'en étant que la moitié, font un double emploi ; 2°. une autre répétition de mêmes tems, & les Hébreux ne devoient pas éviter un écueil commun à toute l'antiquité ; nous en trouvons trois exemples manifestes ; 1°. dans les 20 ans de Jabin, il est constant qu'ils furent compris dans les 80 qui suivirent la délivrance *d'Aod*. La narration du quatrième chapitre l'indique clairement ; car il est dit qu'après la mort *d'Aod* le peuple retomba en servitude ; or Aod n'a pu vivre 80 ans, & cette servitude n'est que celle de Jabin.

2°. Dans les vingt ans de Samson, qui furent également pris sur les quarante des Philistins, puisqu'il est dit, c. 14. v. 4. ; *& de son temps les Philistins dominoient* : or, il ne fit point cesser leur tyrannie.

3°. Dans les quarante ans d'Héli, qui font encore une répétition du temps des Philistins, puisque leur domination ne cessa qu'à la mort d'Héli ; ainsi ces trois articles forment une somme de 80 ans, qu'il faut supprimer. Si on les retranche sur les 480 de l'auteur des Rois, il restera quatre siècles pour l'intervalle de la sortie d'Egypte à la fondation du Temple ; & différentes raisons me portent à croire que cette évaluation approche infiniment de la réalité.

Josephe (1) nous apprend que le roi d'Egypte, sous lequel s'enfuit Moyse, fut Tethmosis ; que de ce prince à Séthos & Armaïs, il s'écoula 393 ans : or, Séthos est Sésostris qui régna peu de temps après la fondation du Temple. On voit que ceci se rapproche beaucoup,

& il est remarquable que Josephe n'a pu faire ce calcul que sur des chroniques égyptiennes ; car ses calculs, selon les Hébreux, n'ont rien d'approchant.

Eusebe (2) rapporte, d'après Tatien, que Ptolomée, ancien prêtre égyptien, fort versé dans la chronologie, assuroit que Moyse sortit d'Egypte sous Amosis ; que cet Amosis répondoit au temps de l'Inachus des Grecs (3) : or, depuis Inachus jusqu'à la guerre de Troye, l'on compte vingt générations qui font 500 ans : & la guerre de Troye, dans nos calculs, se trouve précisément à cette époque.

Conformément à cette évaluation, on peut réduire la période des juges, & l'amener à un degré de concordance vraisemblable.

Nous avons d'abord de temps connus, 20 ans de Saül, 21 de Samuel, & 40 des Philistins qui, avec les 40 de David & les trois de Salomon, nous donnent 124 années de 12 mois avant la fondation du Temple. Pour completter les 400 ans, il nous en faut encore 276 (4). Mais ce qui nous reste excède de beaucoup ; car nous avons d'abord 370 ans, y compris les 40 du désert : puis il faut ajouter le temps de Josué, qui, n'ayant pu être âgé de moins de 50 ans de six mois en entrant dans le désert (5), & y en ayant vécu 40, n'a pu ensuite gouverner plus de 20 toujours de 6 mois, c'est-à-dire (6), dix des nôtres : plus la *génération* des vieillards, qu'on ne peut guères porter à plus de quinze de nos années. Il en résulte ce tableau.

Moyse..........,...40 années avant le T. dont
Josué...........20 une partie fut de 6 mois.
Vieillards........30

---

(2) Præp. évang. p. 493.

(3) Appion, fils de Possidonius, disoit la même chose ; Præp. Evang. p. 487, & certainement c'étoit aussi l'opinion d'Hérodote ; quiconque pesera bien le début de son histoire, en considérera l'ensemble général, sentira que par *les Phéniciens venus de la Mer-Rouge*, il n'a pu désigner que les Hébreux ; & c'est à cette même époque qu'il place Inachus.

(4) Nous supprimons *Jabin*.

(5) C'est-à-dire, 15 des nôtres ; on ne peut guère donner moins à un homme qui commanda l'armée dès le second équinoxe.

(6) Eupolème estime le tems de Josué 30 ans, c'est-à-dire, une *génération*, parce qu'il englobe la *génération* des vieillards.

---

(1) Contr. app. lib. II. p. 460.

Anarchie jusqu'aux
   Philiſtins.. 330
         ————
   Total. 420

Nous avons donc 420 ans lorſqu'il ne nous en faut que 276. Cet excès nous vient des années de ſix mois, comptées pour être de douze, ce qui fait un doublement de temps. En ramenant à cette dernière valeur tout ce qui excède notre compte, nous rétablirons la concordance. Nous trouvons donc que dans ces 420, il faut en réduire 288 en années de douze mois, ce qui en donne 144, qui, avec 132 qui reſtent, font nos 276. Or, ces 132 devant ſe prendre en remontant depuis les Philiſtins, elles nous conduiſent à la ſixième année de Gédéon. Ce ſeroit donc environ ce temps qu'on auroit fait la réforme des années de ſix mois; & une pareille réforme doit tenir à quelque révolution dans les idées. Au demeurant, cette chronique n'ayant point donné une ſérie exacte de tems, on ne peut ſtatuer que ſur des à peu-près.

La durée que j'établis pour cette période s'autoriſe encore d'un fait aſſez ſingulier.

Depuis que je me ſuis apperçu que l'aſtronomie entroit pour beaucoup dans toutes les inſtitutions de la haute antiquité, j'avois toujours ſoupçonné un motif aſtronomique à cette ordonnance de Moyſe, qui fixe les deux fêtes principales, l'une (la Pâque) au 15 du premier mois (mars), & l'autre (les Tabernacles) au 15 du ſeptième (ſeptembre) préciſément à ſix mois de diſtance; un rapprochement heureux eſt enfin venu changer mes doutes en certitude.

(1) Les Grecs nous apprennent que dans le quatorzième ſiècle avant J. C., le phénomène de la *préceſſion* avoit déjà reculé les équinoxes aux quinzièmes degrés du Bélier & de la Balance. Or, dans nos calculs, Moyſe ſe trouve placé dans ce quatorzième ſiècle (2), c'eſt-à-dire, qu'il ſortit d'Egypte l'an 1377 avant J. C. Sur ce rapport, je conjecture que Moyſe a placé les deux fêtes, de manière à les faire coïncider préciſément avec le jour de l'équinoxe: & cette idée eſt tout-à-fait dans le genre de celles qui régnoient alors; car Maimonides nous apprend que les deux fêtes les plus ſolemnelles des anciens *Sabéens* ſe célébroient aux jours où le ſoleil entroit dans les ſignes du Bélier & de la Balance (3). De ce déplacement des équinoxes, réſulte d'ailleurs la notion de ce fait, *que les obſervations qui les avoient déterminés au premier degré de leurs ſignes reſpectifs, remontent douze ſiècles, ou 1082 ans plus haut, c'eſt à-dire, 2459 ans avant Jéſus-Chriſt.* Cette époque auroit-elle des rapports avec la période des obſervations kaldéennes, qui, ſelon Calliſthènes, remontoient 1,903 au-deſſus d'Alexandre, c'eſt-à-dire, 2,234 ans avant J. C.? C'eſt ce que j'ignore; mais il eſt conſtant qu'à cette date reculée, les connoiſſances aſtronomiques étoient avancées à ce point. Or, je demande quelle étendue ceci ſuppoſe aux tems néceſſaires à les avoir acquiſes. Si d'ailleurs on ſe rappelle ce que nous avons dit des Olympiades, on concevra que ce furent là les ſiècles de cette aſtronomie antique dont un écrivain récent a raſſemblé les magnifiques débris (4): en les méditant, l'eſprit apperçoit une carrière immenſe à l'hiſtoire des peuples au-delà des bornes connues: c'eſt à des recherches ultérieures à pénétrer dans ce monde obſcur & nouveau; j'aurai rempli mon objet actuel, ſi, par les réſultats de ce mémoire, je ſuis parvenu à en écarter les obſtacles, & à en applanir l'entrée.

---

(2) Du Temple à J. C. 977. De Moyſe au Temple 400. Total 1377. La ſphère d'Eudoxe plaçoit l'équinoxe au 15 d. du bélier, 1355 ans avant J. C.

(3) Maimonides apud hyde. p. 123.

(4) Aſtronomie ancienne de M. Bailly. Tom. I.

---

(1) V. Aſtr. anc. de Bailly.

F I N.

TABLEAU DE COMPARAISON

Des temps de divers Peuples à des époques principales & certaines.

BACTRIENS.	ASSYRIENS.	EGYPTIENS.	TYRIENS.	HÉBREUX. — Royaume de Juda.	Royaume d'Israël.	Années avant le Temple.
				Arrivée d'Abraham en Palestine..........		615
				Sortie d'Egypte....................		420
				Moyse gouverne...................20.		400
				Temps d'anarchie...............215.		
				Tyrannie des Philistins.............40.		125
				Samuel...........................21.		85
				Saul.............................20.		64
Zoroastres.	Ninus.		Abibal............	David............................40.		44
Gustap, Roi.	Arius subjugue les Bactriens.		Hiram, règne 34 ans.			12
Fin du royaume des Bactriens.				Salomon..........................40.		4
						Après le Temple.
			Baldazar........17.			24
		Séfostris - Sefak pille Jérusalem l'an 41.		Roboam, règne 17 ans.	Jérobcham, r. 21 ans	37
			Abd-Astarte....9.			41
			N............12.			50
				Abia............3.		54
				Asa..............40.		57
					Nadab.............1	58
					Baza............25.	59
			Astarte........12.			62
			Astérime........9.			74
					Ela.............1.	82
Guerre de Troye.	Teutamus..........	Protée..........	Phélès, 8 mois.....		Amri............11.	83
			Ithobal........32.			84
					Achab..........22.	94
				Josaphat........25.		97
			Badezor........8.		Okosias.........2	116
					Joram..........12.	118
			Matgen........9.	Joram............7.		122
				Ochosias.........1.		119
				Athalie..........6.	Jehu............28.	130
			Pygmalion....47.			131
			Fondation de Carthage	Joas............39.		136
			par Didon......			144
					Joakaz.........16.	158
Phérécides.					Johaz..........15.	174
				Amasias........30.		175
Pythagore.					Jeroboam II....42.	189
				Ozias..........42.		205
Première Olympiade.						215
Iphitus, Lycurgue, Hésiode, Homère.					Zakarie, 6 mois....	222
Fondation de Rome par Romulus, l'an 240.	Nabon - Asar - Phal, règne 14 ans.				Manahem ......11.	231
						232
					Phacée I.........2.	244
					Phacée II........19.	246
	Mardok - Empad - Teglat-Phal-Asar, 12.		LYDIENS.	Joatham.........6.		247
						248
				Achaz.........15.		253
			Gygès, règne 38 ans.			262
					Osée.........9.	265
	Apronadius - Salman-Asar,.........6.	Sabacus,............		Ezéchias,........29.		268
						270
					Salman-Azar détruit le royaume de Samarie	273
Numa,..........	Sennacherib - Messesi-Mordak,......4.					278
		Séthon & Taracus....				281

Après le Temple.	JUDA.	ASSYRIENS.		LYDIENS.	ÉGYPTIENS.
282		Aſar-Adon-Phoal-Sardanapal, règne 20 ans.			
297	Manaſsès, règne 55.				
300				Ardys, règne 49 ans.	
301		*Deſtruction de l'Empire Aſſyrien par les Babyloniens & les Mèdes.*			
		BABYLONIENS.	**MÈDES.**		
302		Merodak-Beleſh, 20.	Arbacès, Anarchie, Deïokes, } ....37.		
319					Pſammetik, regne 54 ans.
322		Chynil-Adan...37.			
338			Phraortes......22.		
349				Sadyates.......12.	
352	Amon......2.				
354	Joſias......31.				
359		Nabopolaſar.....29.			
360			Kyaxares......40.		
361				Alyattes.......57.	
368			Eclipſe de Thalès.		
373					Nécos.........17.
385	{ Joakas, 3 mois. } { Joakim, 10 ½. }				
388		Nabukodonoſor...43.			
390					Pſammis.........6.
394		Siège de Tyr.			
395	Jechonias, 3 mn. & eſt emmené à Babylone.				
496	Sedecias.......11.				Haphera.......25.
397			Kyaxares prend Ninive.		
400			Aſtyagès......35.		
406	Ruine de Jéruſalem & de l'ancienne Tyr.				
Années ſolaires.					
418				Créſus........20.	
421					Amaſis.........44.
431	Aouil-Mérodak....2.				
433	Nerigliſſor........4.		EMPIRE PERSE. Cyrus, règne 29 ans.		
435					
437	Laboroſarchod, 9 mois			Priſe de Sardes & de Créſus.	
438	Nabonide......17.				
455	Priſe de Babylone par Cyrus.				
464			Cambyſe, 7 ans 5 mois.		
465					Pſammenit, 6 mois.
471	Smerdis-le-Mage, règne 7 mois.				
472	Darius I.......36 ans.				
473	Fin des 70 ans de Jérémie.				
483					Rois chaſſés de Rome.
503	Bataille de Marathon.				
508	Xercès, première année.				
512	Paſſage de Xercès en Grèce.				
989	Ere chrétienne.